敦煌故事

永不褪色的千年传奇

李焯芬　李美贤　著

中华书局

图书在版编目（CIP）数据

敦煌故事/李焯芬,李美贤著. —北京:中华书局,2023.7
（2025.3 重印）
ISBN 978-7-101-16198-4

Ⅰ.敦…　Ⅱ.①李…②李…　Ⅲ.敦煌石窟-通俗读物
Ⅳ.K879.21-49

中国国家版本馆 CIP 数据核字（2023）第 073899 号

本书中文简体字版由中华书局(香港)有限公司授权出版
著作权合同登记号:图字 01-2023-3575

书　　　名	敦煌故事	
著　　　者	李焯芬　李美贤	
责任编辑	李若彬	
责任印制	管　斌	
出版发行	中华书局	
	（北京市丰台区太平桥西里 38 号　100073）	
	http://www.zhbc.com.cn	
	E-mail:zhbc@zhbc.com.cn	
印　　　刷	天津裕同印刷有限公司	
版　　　次	2023 年 7 月第 1 版	
	2025 年 3 月第 2 次印刷	
规　　　格	开本/850×1168 毫米　1/32	
	印张 8　字数 150 千字	
印　　　数	6001-9000 册	
国际书号	ISBN 978-7-101-16198-4	
定　　　价	78.00 元	

目　录

敦煌为何有石窟 ／ 1

弥勒菩萨在敦煌（一） ／ 7

弥勒菩萨在敦煌（二） ／ 13

数字敦煌 ／ 19

图说五台山 ／ 25

禅悦在敦煌 ／ 31

飞天在敦煌 ／ 38

法华经变（一）：二佛并坐 ／ 46

法华经变（二）：寓言小故事 ／ 53

法华经变（三）：观音信仰 ／ 60

净土经变（一）：净土信仰之起源及经典 ／ 64

净土经变（二）：阿弥陀经 ／ 69

净土经变（三）：无量寿经 ／ 74

净土经变（四）：观无量寿经 ／ 78

弥勒经变 / 85

弥勒大佛 / 91

金刚经变 / 96

维摩经变 / 103

药师经变 / 109

华严经变 / 114

涅槃经变 / 119

报恩经变（一） / 125

报恩经变（二） / 131

梵网经变 / 136

阿含经故事画 / 141

楞伽经变 / 148

敦煌密教图像（一）：汉密源流 / 154

敦煌密教图像（二）：汉密壁画 / 160

敦煌密教图像（三）：藏密壁画 / 165

敦煌密教图像（四）：佛顶尊胜陀罗尼经变 / 170

敦煌那些年、那些人、那些事

往敦煌路上 / 177

初到莫高窟 / 182

与莫高窟艺术的邂逅 / 187

他们的生活 / 190

临摹壁画 / 210

维修与保护 / 225

敦煌的魅力何在？且听莫高窟人的心声 / 237

注　释 / 242

衷心感铭 / 248

敦煌为何有石窟

敦煌位于甘肃省西北部，邻近新疆。敦煌莫高窟共有七百三十五座洞窟，其中四百九十二座洞窟有壁画，共约四万五千平方米，另有塑像两千余尊。这是现今世界上规模最大的原址美术博物馆。莫高窟的绘画造像，共经历了北凉、北魏、西魏、北周、隋、唐、五代、宋、西夏、元十个朝代，有逾千年的艺术创作历史。

敦煌周边还有其他的洞窟，包括榆林窟四十二座、西千佛洞二十二座、东千佛洞七座、五个庙石窟六座。

敦煌其实是沙漠中的一片绿洲。或许有人会问：为什么要在这里开凿那么多的洞窟？为什么要在洞窟的边墙绘上那么多的壁画？简单的答案是：无论是莫高窟或是榆林窟，当年其实都是佛教的一个石窟寺。建造石窟寺的传统，则源于印度。

话说两千五百多年前，佛教的创立者释迦牟尼在印度各

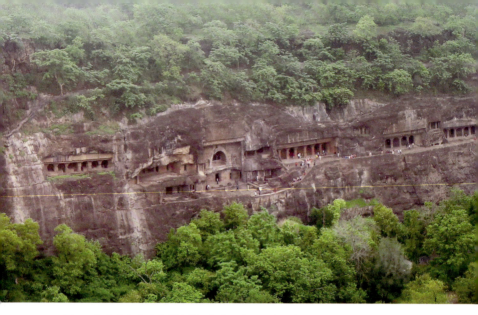

图一　印度中部德干高原上的阿旃陀石窟，共有二十九座洞窟

地弘法时，印度的夏季经常下大雨。释迦牟尼当时就有个习惯：雨季时在山洞内向弟子说法、做禅修。这个习惯叫"结夏安居"，在释迦辞离后亦一直传承下来。后来，佛教的僧侣们喜欢在较幽静的河谷中，在陡坡或山崖上开凿洞窟，部分洞窟用作僧人的生活居所，部分则作禅修、礼佛之用。印度至今仍留存着逾百个这样的石窟寺遗址，其中最有名的是印度中部德干高原上的阿旃陀石窟，共有二十九座洞窟。供礼佛用的洞窟，最早会放置佛塔，后来则是放置佛像，供礼佛或绕佛之用。洞窟的边墙上，经常会绘一些壁画，既有佛教经文的内容，也有一些日常生活的描绘。随着佛教的北传，这个建造石窟寺的传统，也逐渐传到了中亚细亚地区（包括我国史籍所称的西域），最后传入汉地。

　　印度贵霜王朝时代（公元一至七世纪），佛教成了印度的国教，并进入大乘佛教时期，出现了著名的犍陀罗佛教艺术，把希腊式的雕像艺术用于佛像的创作。当时的贵霜版图还包括了中亚细亚的广大地区，涵盖了今天的阿富汗、乌兹别克斯坦等国的部分地区。阿富汗喀布尔河谷的巴米扬大佛，其实是石窟寺中一个大洞窟内的立佛像，旁边还有许多较小的洞窟，边墙上亦绘上了不少反映当地艺术风格的佛教壁画。建造石窟寺的风气，不久亦传到了新疆。新疆境内，至今仍留有众多的石窟寺遗址，包括拜城－库车一带的克孜尔石窟、库木吐拉石窟及森木塞姆石窟，以及吐鲁番一带的柏孜克里克石窟、土峪沟石窟和胜金口石窟等。

图二　莫高窟的绘画造像，共经历了北凉、北魏、西魏、北周、隋、唐、五代、宋、西夏、元十个朝代，有逾千年的艺术创作历史

　　五胡十六国时期，由匈奴人建立的北凉政权（401—439）是河西一带最强大的势力，最强盛时版图包括了今天的甘肃西部、新疆东部及宁夏、青海的部分地区。北凉政权在新疆东部的高昌（即今吐鲁番地区）接触并接受了佛教。敦煌莫高窟现存最早的洞窟正是在北凉时期的公元430年左右修建的。莫高窟内共有三座北凉时期修建的洞窟。

　　公元439年，鲜卑人建立的北魏政权灭了北凉，随后统一了中国的北方。北魏从北凉引进了佛教，并在当时的国都平城（今山西大同）开凿了云冈石窟。公元494年，北魏迁都洛阳，又在洛阳附近的龙门开凿了龙门石窟。北魏时期，北方不少地方都修建了石窟寺。随着时代的变迁，石窟寺的布局和功能也发生了一些变化：僧人不一定再住在洞窟之内，可以住在附近的寺院建筑内。刻在石崖上的佛像，则称为摩崖石刻，重庆的大足石刻就是一个好例子。

弥勒菩萨在敦煌（一）

　　敦煌莫高窟七百多座洞窟当中，现存最早的是北凉时期所建的三座洞窟。按敦煌研究院的编号，这三座洞窟是第268、272及275窟，位于莫高窟南区中段三层，毗邻而建，估计于公元420—439年间开凿而成。

　　第268窟是禅窟，内有四个禅室，正壁（即西壁）塑了一尊交脚菩萨。第272及275窟属殿堂窟。第275窟正壁（即西壁）塑了一尊3.34米高的交脚弥勒菩萨像，坐于狮座上，头戴化佛冠，左手施与愿印，以满足众生之愿（图一）。

　　按照佛教文献的记载，弥勒生于印度南部的婆罗门家庭，经释迦牟尼（佛陀）教化后，成为佛陀的弟子，常修菩萨道，现居于兜率天（佛教欲界六天之第四天）兜率内院修行，为天人说法。按《长阿含经》所载，兜率内院是弥勒的净土，菩萨修行圆满，尽此一生，便可成佛，故又名为"一生补处"。届时，他将会继承释迦牟尼佛而降生人间，出家修

图一 第275窟正壁(即西壁)塑了一尊3.34米高的交脚弥勒菩萨像,坐于狮座上,头戴化佛冠,左手施与愿印,以满足众生之愿(敦煌研究院宋利良摄)

行，觉悟成佛，并将于龙华菩提树下举行三次传法大会（又称龙华三会），分别度化九十六、九十四、九十二亿众生。大乘佛教由此发展出人间净土的观念，认为弥勒菩萨降生，将可以救度世人。当代中国的印度学研究者季羡林曾推想：佛教的弥勒（Maitreya），与基督教的救世主弥赛亚（Messiah）可能是同一个人。

弥勒信仰在古代的印度曾经十分流行。据巴利文《大史》记载，公元前二世纪，狮子国（即锡兰，今斯里兰卡）国王杜多伽摩尼在临终时蒙众天神迎往兜率天。

弥勒菩萨被大乘佛教尊称为妙觉菩萨，是八大菩萨之一。他又被印度大乘佛教的唯识学派（大乘中期的主要学派，公元四至七世纪）尊为鼻祖，其思想体系以《瑜伽师地论》为代表，并由著名的唯识派学者无著及世亲阐释弘扬，对唐代的玄奘法师影响甚深。玄奘法师后来创立了唯识宗（又称法相宗），是中国佛教隋唐八宗之一。据玄奘法师的《大唐西域记》所载，无著及世亲亦曾发愿往生兜率净土。弥勒信仰传至中国，从南北朝至隋唐均曾十分盛行。后来，一些民间信仰以弥勒降世为号召，起义造反，故弥勒信仰亦遭统治者大力镇压，逐渐式微。

敦煌的交脚弥勒菩萨塑像，其源头可追溯至公元一世纪后出现于印度北部及中亚细亚的贵霜王国。由月氏人建立的这个贵霜王国，版图包括了古代希腊殖民国大夏（Bactria），即今巴基斯坦及阿富汗一带。贵霜王国崇尚佛教，并雕出了

图二　山西云冈石窟第11窟交脚弥勒菩萨雕像

富希腊艺术风格的佛像、菩萨像，与以佛传和佛本生故事为题材的大量浮雕。由于这些雕塑集中在贵霜王国的核心地区犍陀罗一带，因此亦称为犍陀罗艺术。这些石刻包括了交脚的弥勒菩萨塑像（公元二至三世纪）。弥勒信仰传入中国后，也出现了不少交脚弥勒菩萨雕像。美国大都会艺术博物馆收藏的交脚弥勒菩萨像，由砂岩雕塑而成，制作年代为公元480—490年之间（北魏时期）。另有山西云冈石窟第11窟的交脚弥勒菩萨雕像（图二，公元五世纪）和河南龙门石窟的交脚弥勒浮雕（公元六世纪）。

季羡林等学者认为：交脚坐姿起源于中亚和波斯，是当时王室贵族等上层社会的一种惯常坐姿。因此在中亚地区的一些石窟中，除了弥勒像外，还有其他的交脚雕像。

弥勒菩萨在敦煌（二）

　　敦煌莫高窟第275窟的交脚弥勒菩萨塑像，是弥勒菩萨成佛前，在兜率内院为众人说法时的形象之一。弥勒菩萨修行圆满后，将会继承释迦牟尼佛而降生人间，举行龙华三会。佛教的《弥勒下生成佛经》，描述了龙华三会的盛况，敦煌榆林窟第25窟北壁的一幅大型壁画《弥勒经变图》正是依据《弥勒下生成佛经》绘制而成的。

　　榆林窟第25窟位于东崖上层北侧，约为吐蕃占领瓜州（公元776年）以后建造，分前室及主室。主室北壁绘弥勒经变（图一），南壁绘观无量寿经变，前壁门两侧分别绘文殊菩萨变及普贤菩萨变。这里所说的"变"，就是用图画的方式，描绘出经文所讲述的内容，称为"变相"。其中第25窟的弥勒经变、第3窟的文殊菩萨变及普贤菩萨变三幅图像，其高清仿真版，于数年前由敦煌研究院复制至香港新界大埔慈山寺大雄宝殿后的墙上。读者如到慈山寺参访，当可细赏这三幅壁

画的内容。

　　弥勒经变整幅壁画以龙华三会为主体。正中的初会（第一会）场面规模最宏大，是画面的中心。龙华树下，弥勒菩萨倚坐说法，广度众生。弥勒两旁，法华林菩萨和大妙相菩萨左右胁侍，天龙八部和听法信众围绕四周，弥勒身后的是

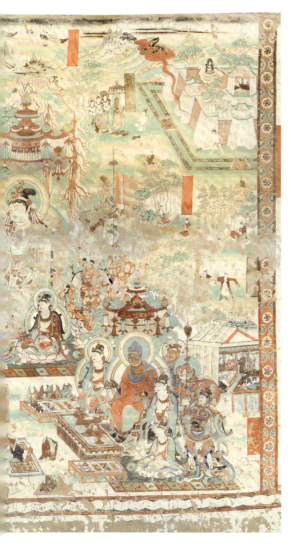

碧绿的龙华树，头顶是装饰华丽的宝盖，上方是须弥山，左右两侧飞天翩翩起舞。前面有国王把自己的镇国七宝台（金轮宝、白象宝、白马宝、珠宝、玉女宝、藏宝及兵宝）呈献给弥勒。弥勒接受了七宝台后，又把它施舍给婆罗门。众婆罗门得到了七宝台之后立即把它拆毁，每人分割部分宝物带

走。弥勒眼见如此美好的七宝台转眼化为乌有，于是深悟人生无常的道理，便在龙华树下得道成佛。这就是弥勒下生成佛的故事。国王见证了弥勒成佛后，遂率领王公大臣、王后、太子、宫女、侍从等，纷纷发愿出家。画面的正中下部表现的就是剃度出家的情节。

在初会的右下角，是龙华三会的第二会，比丘静坐听法，前面是男剃度出家众，案上放置袈裟和洗漱用的净瓶。第二会的对面是第三会，前面是女剃度出家众，剃度后洗头、抹头，换上袈裟礼佛。案上放置净瓶、袈裟和剃度落下的长发。

经变的中心是龙华三会，在周围的画面中则描绘了未来弥勒世界妙花园（华林园）中和谐而美好的生活。人间风调雨顺，农民一种七收，常获丰收；路不拾遗，夜不闭户，树上生衣，随意取用；人寿八万四千岁，女人五百岁出嫁等等，这些内容都在壁画中表现出来。据佛经说，弥勒之世，人们可活到八万四千岁，命终前就自己到提前建造好的墓园中自然终老（"人命将终，自然行诣冢间而死"），没有痛苦（图二）。

壁画的左上角，还描绘了大迦叶献袈裟的场面。弥勒说法后率四众前往耆阇崛山，用双手擘开了此山。禅定中的大迦叶醒了过来，从山洞里走出来，向弥勒行礼跪拜，献上袈

图二　弥勒经变中的老人入墓图

裟。这袈裟是释迦牟尼临终前交给大迦叶，让他交给未来佛弥勒的。这也是弥勒经变中的一个重要情节。

壁画的上半部用山水衬托整个场面。中唐以后，壁画色彩趋向简淡，而山的形状由圆润变为坚硬，山头多为角形。山石用墨线勾勒之后，又用淡墨渲染，这样的画法正是水墨画的特征。我们由此可以看到敦煌壁画艺术从盛唐的青绿山水向宋代和西夏的水墨山水的过渡。

数字敦煌

　　坐落于香港新界沙田的香港文化博物馆，举办过一次以"数字敦煌"为主题的大型展览，展期为2018年7月11日至2018年10月22日。前往参观的市民络绎不绝。

　　敦煌研究院前院长樊锦诗教授曾明言：敦煌石窟已经历了一千六百余年的沧桑。敦煌研究院成立七十多年来，对敦煌石窟内的壁画和彩塑做了大量的抢救、保护和研究工作，成绩有目共睹。珍贵的敦煌艺术尽管能有效地保存下来，但世间万物都有个"成住坏空"的自然规律和流程。樊院长明确指出："保护工作亦无法阻挡石窟的自然衰老和退化，也无法永远地保存这些珍贵的艺术。这是摆在我们面前难以解决的严峻问题。"因此，樊院长和她的团队自二十世纪九十年代开始，便积极与科研机构合作，探索如何利用电脑数字技术，高保真地永久保存敦煌的壁画和彩塑艺术。发展至今，敦煌研究院的数字技术已从拍摄壁画的高清图像和洞窟激光扫描，

图一　数字敦煌网（www.e-dunhuang.com）能360度全方位观看洞窟壁画，至今已上载数字化洞窟三十座。图为第285窟西壁及北壁（敦煌研究院文物数字化研究所制作）

扩展至数据库的建立，为敦煌艺术的长期保护、研究、展示和诠释提供了极大的方便和重要的保证。沙田香港文化博物馆的展览，通过敦煌研究院数字化保护技术的成果，结合丰富的文物和多媒体展示，让大家细味敦煌艺术之美，以及壁画背后一个个动人的故事。

参观过敦煌石窟的朋友们都知道：游客在每个石窟内停留的时间不会太长，而洞窟内的光线亦未必足以让人看清壁画的每一个细节。如今，数字化的成果大大有助于人们对壁画的观赏与诠释。这里且举一个例子。图一为敦煌莫高窟第285窟西壁及北壁的四个禅窟及壁画。窟内有西魏大统四年（538）、大统五年（539）的发愿文题记，说明此窟于西魏年间开凿。游客进入洞窟参观，看到的北壁大致如图所示，但未必能看到壁画中的许多细节。假如我们在计算机屏幕上看这幅壁画的数字图像，把图像的各部分放大细看，就能够看到许多在现场一般看不到的细节了。例如图一中的点①，放大后就如图二所示，我们能清晰地看到一位面带笑容的禅修者静坐在椅子上，反映了西魏时期的服饰和家具（椅子）形制。图一中的点②放大后就是图三所示的飞天，在飞行中弹拨手中的箜篌，连飞天的五官和眉毛都能看得一清二楚。大家

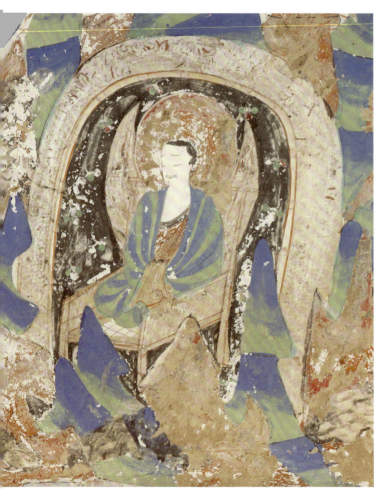

图二   一位面带笑容的禅修者静坐在椅子上

图三　飞天在飞行中弹拨手中的箜篌，五官和眉毛清晰可辨

不难想象，这些数字图像记录，不但有助于观赏，更有助于对敦煌壁画的准确诠释和深入研究。数字图像对敦煌艺术的永久保存和永续利用，有莫大的价值。

敦煌莫高窟共有七百三十五座石窟，其中有壁画的有四百九十二座。经过多年的努力，敦煌研究院至今已完成了一百八十多座洞窟的数字化工作，其中包括香港敦煌之友资助的九十二座。香港敦煌之友过去七年来，一直致力于协助市民认识敦煌艺术瑰宝，并积极协助筹募资源，支持敦煌石窟的保护及数字化工作。非常感谢香港市民及众多有心人长期以来对敦煌保护工作的大力支持。

图说五台山

　　到过新界沙田的香港文化博物馆观赏"数字敦煌"展览的读者，可能仍会记得展厅内一幅颇大的壁画：五台山数字图像（图一）。这幅画的原图位于敦煌莫高窟第61窟的正壁，高3.42米，宽13.45米，主题是描绘五台山的寺庙和菩萨化现圣迹。它既是一幅佛教史迹和化现图，也是一幅山水人物画及全景式的古代地图。莫高窟第61窟建于五代，又称"文殊堂"，窟内有中心佛坛，坛后部有背屏与窟顶相接。坛上原竖立文殊菩萨骑狮的塑像，惜现仅残存狮子像的尾部（图二）。

　　五台山图可分为三个部分：顶部主要描绘从天上佛国降临五台山的菩萨圣众；中间部分展示了五台山的五座主峰，以及山上的寺庙建筑和文殊菩萨化现故事；底部则显示两条入山巡礼的路线，其中穿插了大量的社会生活场面，反映僧侣和信众在五台山巡礼的情况（图三），以及当地日常生活的点点滴滴，很有生活气息。

图一　五台山图位于敦煌莫高窟第61窟的正壁，描绘五台山的寺庙和菩萨化现圣迹

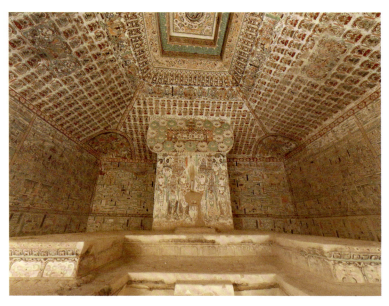

图二　莫高窟第61窟建于五代，又称"文殊堂"，窟内有中心佛坛，坛后部有背屏与窟顶相接。坛上原竖立文殊菩萨骑狮的塑像，惜现仅残存狮子像的尾部

　　这幅五台山图由于被背屏遮挡，信众进入洞窟后，只能看到壁画左右两端，必须从佛坛的两侧进入洞窟后部，才能观赏到整幅五台山图。按照当时围绕佛坛顺时针方向礼拜的路线，信众的视角从图左下方的山西太原开始，依山势而上，跟随图中人物一起登山朝圣，最后到达画中央最高点的大圣文殊真身殿，然后从图右的镇州（今河北正定）离开，最后回到洞窟中央的文殊菩萨塑像前。对佛教信众来说，这不啻一次虚拟的五台山巡礼过程。这也许正是当初描绘这幅壁画的原意，而日后亦成为这幅壁画最重要的功能，让地处甘肃西陲的信众不用千里跋涉，也能在敦煌石窟内"巡礼"五台山。这样看来，五台山图的确是一幅十分难得的佛教史迹画。正如敦煌研究院赵声良研究员所言："五台山图保存了大量的

图三　五台山图的底部显示两条入山巡礼的路线，其中穿插了大量的社会生活场
面。如图所示，关城外有官员骑于马上，正要离去，前方有人拱手相送。远处画
往来行人、商旅，有挑担者，有骑马者，有牵骆驼者，有牵驴下山者，有的手持
旌旗，有的手持弓箭，神态各异

佛教历史资料，有的还补充了史书所未载的内容。图中出现了大量古代佛教建筑（寺院、兰若、草庵、佛塔寺），以及高僧说法、信徒巡礼、著名史迹和灵异现象等，共有榜题一百九十五条。此外，五台山图还呈现了许多古代社会生活民俗场面。图的下部描绘了从山西太原到河北镇州的山川道路和旅行、送供、拜佛者，使我们看到不同身份各阶层人物的服饰和活动场面。五台山图也是一幅大型的山水画，它以山水串联各个独立画面，从中可以见到五代时期敦煌山水画的风格。"（赵声良、宋利良《敦煌石窟艺术：莫高窟》，江苏美术出版社，1995年）

今天，如果大家到莫高窟第61窟参观，可能会发觉佛坛背屏与壁画之间的通道其实十分狭窄，光线亦较幽暗，而壁画面积十分庞大，因此一般只能观赏到壁画的中下部分，较上部的情节内容颇难看得清楚。可幸的是，香港敦煌之友赞助出版了由赵声良主编的《敦煌壁画五台山图》一书,书中图文并茂地介绍了这幅巨作的历史背景和各部分的具体内容,读者能一目了然地欣赏和解读这幅壁画的各个部分,十分难得。希望日后能有更多的敦煌壁画,通过这种"一图一书"的方式,让大家对壁画有更深入的了解。

禅悦在敦煌

莫高窟第259窟是敦煌早期较具代表性的洞窟之一，大约开凿于北魏太和年间（477—499），距今已有一千五百多年的历史。本窟的塑像和壁画基本上是北魏时期的原作，包括西壁（主壁）的释迦多宝二佛并坐像，以及北壁东侧的禅定佛像（图一），都是莫高窟塑像中的代表作。禅定佛头有肉髻，身穿通肩袈裟，两眉细长，双眼略开，嘴角露出一丝微笑，是敦煌石窟中不可多得的上乘佳作。

敦煌莫高窟基本上是个石窟寺，内有不少禅窟及殿堂窟。图二的285窟即是一座禅窟，设有一些小洞室供僧人禅修之用。读者或许会问：为何佛、菩萨或禅修者会在禅修过程中偶尔露出笑容呢？我们在这里或可用佛教的《心经》来说明一下。

《心经》的经文并不长，才二百六十个字，但概括了大乘佛教的般若智慧（即"空"）思想。《心经》的第一段说："观

图一　莫高窟第259窟北壁东侧的禅定佛像

自在菩萨，行深般若波罗蜜多时，照见五蕴皆空，度一切苦厄。"观自在菩萨，就是我们熟悉的观世音菩萨。大乘佛教的菩萨，既修慈悲（慈，给众生乐；悲，拔众生苦），亦修智慧。当菩萨现慈悲相时，就以观世音菩萨的形象出现，闻世间苦难之声而前往救援。当菩萨在甚深的禅定中（即"行深般若波罗蜜多时"），会感悟到我们用身体各种触觉器官（五蕴）所察觉到的世间万象，其实背后都是有其原因的。这些原因（或称因缘）具备了，现象或事物就会出现。反过来说，如果这些因缘并未具足，现象或事物就不会出现了。以春暖花开为例，大地回春，阳光雨露充足，树梢上的花儿就会绽开了，叶芽儿也随后出来了。开花所需要的因缘（或条件）是：种子、土壤、养分、水分、阳光、时间等等，缺一不可。到了隆冬腊月，天气严寒，树梢上就不会长出花朵来，因为开花的因缘条件已不再具备了。这其实就是佛教的一个基本教理：因缘观。

简而言之，因缘观告诉我们，世间万事万物，包括人生路上的起起落落、成败得失，其实背后都是有其原因（或因缘）的。我们如果能够洞悉这些因缘，就可以坦然面对，不会为一些失意的事而气恼或怨天尤人了。例如家中有亲人病倒了，我们当然会感到不开心，但病也是有其原因的，可能是遗传、年老、生活没规律等等。又例如在高考中没有考上心仪的大学或向往的院系，我们当然会不高兴，有时或许还会觉得这个世界欠我们一个公道。因缘观诚告我们：与其怨

图二　莫高窟第285窟是一座禅窟，设有一些小洞室供僧人禅修之用

图三　莫高窟第285窟主龛旁的禅定佛像

天怨地，不如冷静找出不如意事背后的原因。考试失利，可能是自己读书不够用功，或不得其法，只要能够找出原因，找出差距，日后就能有所改善，争取更好的成绩。换言之，因缘观教我们如何更坦然地面对人生的得失成败，以及世间的成住坏空；还会鼓励我们不断地克服困难，自我完善。这样，遇上逆境，我们自然就能"度一切苦厄"了。关键是调整自己的心态，积极向前。

《心经》的第一段，尽管只有短短的几句话，却写出了我们在禅定中可能会得到的感悟，让我们放下生活中的种种烦恼，从而活得更自在。换句话说，禅定能让修禅者增长智慧。有了智慧，犹如人生路上有了指点迷津的明灯，懂得如何处理种种问题，心间感到轻安自在，犹如第259窟的禅定佛像所展示的，禅悦与面上的微笑就油然而生了。

飞天在敦煌

　　敦煌莫高窟的洞窟，绝大部分都绘有飞天。据敦煌研究院首任院长常书鸿先生在《敦煌飞天大型艺术画册》的序言中所说，"总计四千五百余身"，其数量之多，可以说在全世界的石窟寺中也是绝无仅有的。

　　飞天从职能上可分成四类：

　　一、礼拜飞天，多为双手合十，胡跪；

　　二、供养飞天，手捧花果或双手持璎珞；

　　三、散花飞天，手托花盘或拈花散布；

　　四、歌舞飞天，手持乐器，演奏或舞蹈。

　　他们在佛陀说法、成道、涅槃时，或在本生故事中，为各种圆满功德散花、奏乐、礼赞。

　　在敦煌壁画中，飞天的艺术形象也随着时代的变迁而不断变化。从十六国北凉到北魏（366—534），敦煌飞天的形象深受印度和西域飞天的影响。北凉时期的飞天头有圆光，脸

图一　莫高窟第275窟，北凉时期的飞天，身体屈曲成V字形

形椭圆，直鼻大眼，大嘴大耳，身材粗短，上体半裸，腰缠长裙，肩披大巾，身体屈曲成V字形（图一），飞天下面少有云彩。北魏时期，飞天的脸形已由丰圆变得修长，鼻丰嘴小，五官匀称，头有圆光，身材比例逐渐修长，有的腿部相当于腰身的两倍，飞翔的姿态也多样化了（图二）。

　　西魏（535—556）的飞天身材修长，面瘦颈长，额宽颐窄，直鼻秀眼，眉细疏朗，嘴角上翘，微带笑意（图三）。

　　隋代（581—618）是莫高窟绘画飞天最多的一个时代，既有西域式的，也有汉化的，更有中西合璧的飞天。飞行的姿态亦变得多样化，有上飞的，也有下飞的；有顺风横飞的，

图二　莫高窟第254窟，北魏时期的壁画数量增多，飞翔的姿态也多样化了

图四　莫高窟第390窟，隋代的飞天飞行姿态更多样化，飘带略似R形

图三　莫高窟第285窟，西魏时期的飞天秀骨清像，姿态有韵律感

也有逆风横飞的；有单飞的，也有群飞的，多姿多彩，自由发挥。飞天的飘带环绕头顶，整体略似R形，其旁彩云飘缈（图四）。

到了唐代（618—907），飞天的艺术形象进入了完美、成熟的阶段（图五），已少有印度和西域的风貌，变成了完全中国化的飞天。这些飞天主要画在大型经变图之中，一方面表现出佛说法的场面，散花、歌舞、礼赞、供养；另一方面则表现出大型经变中佛国天界——"西方净土""东方净土"等极乐世界的美景。飞天或飞绕在佛的头顶，或飞翔在极乐世界的上空，身姿曼妙，纤长柔美的飘带与不鼓自鸣的乐器在

图五　莫高窟第329窟，初唐的飞天身姿曼妙，飘带纤长柔美，飞行姿态更多变化

图六　莫高窟第217窟，盛唐飞天穿插于亭台楼阁之间，奔腾自如，与不鼓自鸣的乐器一同在空中飞舞

空中飞舞。其飞行姿态更多变化，甚至穿插于亭台楼阁之间（图六），有的脚踏彩云，徐徐而降；有的昂首振臂，腾空而上；有的手捧鲜花，直冲云霄；有的挥舞飘带，在重楼高阁间奔腾自如，凌空回首。当时的飞天，多有彩云托伴。

宋元时期的飞天，数量减少，缺乏前期的灵活和动力，造型较为拘谨。西夏时期线描精细，设色雅淡，如榆林第10窟窟顶四披的伎乐飞天（图七），姿态生动和谐，是这一时期的佳作。

图七　榆林窟第10窟的飞天正在演奏胡琴，这是中国壁画中最早出现的拉弦乐器
（敦煌研究院文物数字化研究所制作）

法华经变（一）：二佛并坐

　　佛教源于公元前五至六世纪的印度，到了公元前二至三世纪的孔雀王朝，佛教成为印度的国教。早期的佛教经典，包括《阿含经》《法句经》《百喻经》，以及现今南传佛教的一些典籍。公元一世纪，印度佛教在贵霜王朝时代进入了大乘佛教时期，提倡信众应自度度他，自利利他，并且认为通过修菩萨行，人人皆能成佛。公元一至四世纪，是大乘佛教的"般若期"，重视"因缘观""缘起性空"和"空"等思想的研究和弘扬。这个时期先后出现了《大般若经》《法华经》《金刚经》《华严经》"净土三经"（即《阿弥陀经》《无量寿经》《观无量寿经》）、《弥勒经》（包括《弥勒上生经》及《弥勒下生经》）等典籍。公元四至七世纪，是印度大乘佛教的"唯识期"，唯识学成了这个时期的主流思想。七至十一世纪，则是印度大乘佛教的密教期，受印度教的影响较多，亦较明显。

　　以上提及的印度大乘佛教典籍，部分内容后来成了敦煌石窟壁画的重要题材，主要是般若期的大乘佛典，唯识期的极少，密教期的则在吐蕃时期开挖的洞窟中偶尔能见。

　　大乘般若经典之中，常见诸敦煌壁画的一个例子是《法华经》。该经的全名是《妙法莲华经》，较通行的版本为译经大师鸠摩罗什于公元四世纪所译，共有二十八品（章）。

图一　莫高窟第259窟西壁龛内，有最早见诸敦煌艺术的释迦牟尼和多宝佛二佛并坐说法的塑像

最早见诸敦煌艺术的是《见宝塔品第十一》中所描述的释迦牟尼和多宝佛二佛并坐说法的塑像，位于第259窟（北魏）的西壁龛内（图一）。按经文所讲，多宝佛非常赞叹释迦牟尼所宣讲的《法华经》。因此，只要十方国土有说《法华经》处，必有七宝塔从地下涌现面前，而塔中多宝佛必为其真实而赞叹，并予以证明。本窟中的二佛并坐彩塑，高1.4米，佛高螺髻发，前额宽广，眉目疏朗，眉眼细长，鼻梁高通额际，下颌大而突出，偏袒右肩，呈游戏坐。头部为后代重修，但雄伟的身躯和施以阴刻隆起的衣纹手法，却是地道的北魏太和造像风格。在二佛坐像宝盖的上方有八身飞天，相向而飞，攒聚一处，翻转自如，动态飘逸，仿佛在天宫飞翔。

除了彩塑以外，二佛并坐的景象亦出现于壁画当中，如西魏时期的第285窟（图二）、北周时期的第428窟（图三）等。建于盛唐的第23窟南壁描绘了《见宝塔品》的内容（图四）：释迦牟尼在说《法华经》时，地下涌出一座七宝塔，停在空中，塔上装饰着各种奇珍异宝和金银琉璃，十分华丽。因塔内供奉了多宝佛，故又称多宝塔。这时，有一位菩萨提出要见塔内的多宝佛，释迦牟尼于是升至空中，打开塔门。多宝佛分半座给释迦牟尼。释迦牟尼又把众侍从接到空中。在壁画中，七宝塔上方绘了释迦牟尼分身十方诸佛及胁侍菩萨，各乘祥云，从遥远的西方佛国云集灵鹫山上空，予人满壁风动之感。基座正中设御路式踏阶通向宝塔，塔身三开间，

图二　莫高窟第285窟的二佛并坐像

图三　莫高窟第428窟的二佛并坐像

图四　莫高窟第23窟南壁描绘了《见宝塔品》的内容

中间敞开，可见二佛并坐其中，画面开阔宏伟。七宝塔周围，诸大菩萨、天龙八部以及比丘等围成椭圆形，犹如众星拱月。

法华经变（二）：寓言小故事

　　印度佛教有一种利用通俗易懂、生动活泼的寓言小故事来阐明佛理的传统，《百喻经》就是一个好例子。《法华经》内也有著名的"法华七喻"。我们能在敦煌壁画中看到的，有《譬喻品》中的火宅喻、《化城喻品》的化城喻、《信解品》的穷子喻和《药草喻品》的药草喻。

　　敦煌莫高窟中，火宅喻的故事最早见于第419窟及420窟，两窟均建于隋代。建于五代的61窟也有。61窟的南壁（图一）绘了一座大宅，有三个小朋友嬉戏其中。房子着火了，有位长者劝小朋友们离去，但小朋友们一味贪玩，不肯离开。长者只好牵来三辆车子，告诉小朋友们："外面有牛车、鹿车和羊车。如果你们肯离开这个宅院，就可以得到车子了。"三个小朋友这才急忙从院子里跑出来。而此时院子里已四处起火，有许多妖魔鬼怪骑着怪兽乱窜。

　　在以上的寓言故事里，着火的宅院象征着充满黑暗、痛

图一   莫高窟第61窟主室南壁的火宅喻壁画，火宅象征充满黑暗、痛苦和卑劣龌龊之事的人间

苦和卑劣龌龊之事的人间，三个贪玩的小朋友象征着贪恋红尘逸乐、执迷不悟的世人，宅外的牛车、鹿车及羊车代表佛教的菩萨乘、缘觉乘和声闻乘，长者则是佛的化身，正引导世人跳出苦海。声闻乘和缘觉乘代表传统的上座部佛教一派，而菩萨乘则代表当时新兴的大乘佛教一派，火宅喻的目的是希望调和两派，让大家同归佛乘。要知道，当时这两派之间确实有些传统与新兴之间的矛盾对立。《法华经·方便品》便曾提到，佛说法时，"会中有比丘、比丘尼、优婆塞、优婆夷五千人等，即从座起"，退席离场。此外，按《大史》的记载，当大乘佛教传入狮子国（今斯里兰卡）时，两个派别还曾发生过冲突。事实上，斯里兰卡、泰国、缅甸、柬埔寨、老挝至今仍保留着上座部佛教的传统，学界称之为南传佛教，而中国、日本和韩国的大乘佛教则被称为北传佛教。

　　化城喻的场景出现在建于盛唐的第23窟、103窟及217窟的壁画中，内容是：有一群人要到一宝城取宝，但路途遥远险恶，沿途既有凶禽猛兽，还有严寒、酷热和饥渴的威胁。走到半途，有些人因不堪忍受艰难而想折回。这时，聪明的导师作法术，在荒野中幻化出一座城池来，让

图二　莫高窟103窟南壁的化城喻，这个故事象征佛引领众生走向彼岸。这幅经
变图亦是一幅完整的唐代青绿山水画

图三　莫高窟第23窟建于盛唐，主室北壁可见穷子喻的壁画

众人进城休息。休息过后，又将城池隐没，让大家继续前行。化城喻以这个小故事，象征佛引领众生走向彼岸。这幅经变图，其实亦是一幅完整的唐代青绿山水画（图二）。

建于盛唐的第23窟，其北壁绘有《信解品》中的穷子喻。故事说：有一穷子自幼与父失散，沦为乞丐。多年以后，其父已成为大富翁，只恨找不到儿子来继承家业。一日穷子来到了一座城邦，被其父认出，但穷子已认不得父亲了。父亲便雇用穷子来养马，借机与他建立感情，逐渐熟悉以后，父子相认，穷子得以继承家业。寓言故事中，父亲喻佛，穷子喻世人，借此比喻佛把佛法施与世人，让世人离苦得乐（图三）。

法华经变（三）：观音信仰

　　《法华经》无疑是印度大乘佛教早期最重要的经典之一。该经的主要目的，是希望调和当时上座部教派与大乘教派之间的矛盾，劝勉大众同归佛乘。但该经之所以深入民间，几乎家传户晓，一个主要原因是塑造了一位万能的、大慈大悲、救苦救难的观世音菩萨。在大乘佛教的众多菩萨中，恐怕没有哪一位菩萨的知名度能够超越观世音菩萨了。在《法华经》第二十五品《观世音菩萨普门品》中，观世音菩萨能够随时随地变化为不同的身形以救度众生。只要口诵观世音名号，即可有求必应、逢凶化吉、遇难呈祥，这在民间信仰中具有十分广泛和巨大的影响力。

　　《观世音菩萨普门品》成为《法华经》二十八品中的第二十五品，当然也有其历史的因素。大乘佛教认为，通过修菩萨行，人也可能成佛。这样一来，一些大菩萨和各方佛的名字开始陆续出现，继而发展为信仰。大菩萨包括观世音、

大势至、地藏、文殊、普贤，以及《法华经》内提到的常不
轻、药王、妙音等。各方佛则包括阿弥陀佛、药师佛、弥勒
佛、宝光佛、多宝佛等。在大乘佛教初期，观音信仰、弥陀
信仰、弥勒信仰逐渐开始流行。根据日本著名的大乘早期文
献学者辛嶋静志（北京大学季羡林教授的博士生、日本创价
大学国际佛教学高等研究所所长）的研究，大乘经典其实是
不断变化的。以《法华经》为例，早期出现的版本较短，并
不包括《观世音菩萨普门品》等内容。经文的内容后来随着
时间而不断有所增补，包括普门品，反映了观音信仰的逐渐
流行。

　　在敦煌，《观世音菩萨普门品》的内容最早见诸隋代的壁
画。建于盛唐的莫高窟第23窟及217窟，均以单独的壁画来描
绘普门品的内容。最具代表性的观音经变图，绘在建于盛唐
的第45窟。该窟南壁中央绘观音菩萨立像，两侧上部绘观音
现身说法，下部绘观音救苦救难的情节（图一）。主尊观音
菩萨慈眼细长，长眉入鬓，鼻直唇红；高挽发髻，头戴宝冠，
冠上有一化佛，顶悬华盖；胸饰璎珞、明珠等珍宝，披帛、
天衣纷然于身，腰束菱形花纹，红巾于正中挽结，长巾璎珞
串珠，繁而不乱，交叉有序。左手收于腹前，提一净瓶，右
手上举胸前，描绘十分精细。

　　观音菩萨游于大千世界，能于人们受难之时前来救助。
壁画的内容包括了火难、水难、罗刹难、刑戮难、鬼难、囚
难、贼难、堕难、雷暴难、淫欲难、嗔恚难、愚痴难等，情

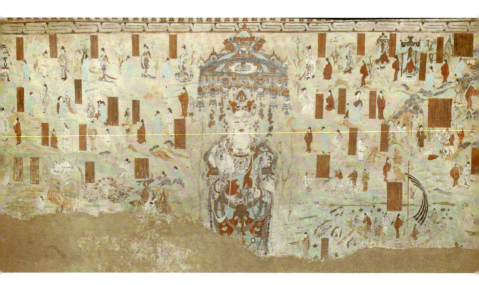

图一   莫高窟第45窟建于盛唐，绘有最具代表性的观音经变图

图二   满载货物的商旅们驱赶着毛驴，正在山间艰辛地跋涉，突然跳出几个意图
抢劫的持刀强盗。商旅们虽因恐惧而瑟瑟发抖，却不忘念诵观世音菩萨名号，于
是强盗们都放下了兵器，怨贼难得以解脱

节包罗万象。例如罗刹难：大海中，海船遭到风浪的袭击，
颠簸起伏。海中的恶龙怪兽扑向海船，海岸边的罗刹鬼手舞
足蹈，对着海船狂呼乱叫，因快有人肉可食而得意忘形。再
如囚难：一城堡式的监狱中，犯人手足被杻械套住，颈戴枷
锁，蜷缩在狱中，满面愁容，默念观音，祈求解脱；监狱外
面，两人被观音救后，面带喜气，昂首挺胸。画家通过前后
对比的描绘，表达了普门品经文的内容。再如观音救怨贼难
的内容：商旅们驱赶着毛驴，满载货物，正在山间艰辛地跋
涉，突然从山后跳出几个持刀的强盗，意欲抢劫。商旅们面
露惧色，瑟瑟发抖，可幸他们不忘念诵观世音菩萨的名号，
于是强盗们都放下了兵器，怨贼难得以解脱（图二）。这个
画面亦真实地反映了古代丝绸之路上商人行旅的艰难景况。
观世音菩萨救苦救难的慈悲精神，亦因此而深入人心，历久
弥新。

净土经变（一）：净土信仰之起源及经典

　　净土为佛教名词，指清净的地方或没有被污染的庄严世界。大乘佛教认为，众生可以通过修菩萨行而成佛，因此，佛的净土可遍布于十方三世，接引不同根性的众生。在中国历史上，不乏对弥勒菩萨、药师佛、阿弥陀佛、毗卢遮那佛等佛菩萨净土的向往者，这些信仰都可以列为广义的净土崇拜，它代表了大乘佛教的一个理想。

　　学界一般认为，阿弥陀佛（弥陀）信仰及有关经典，很可能出现于公元初的西北印度（贵霜王朝早期）。有些西方学者认为弥陀信仰受到中亚波斯琐罗亚斯德教（又称祆教或拜火教）的太阳崇拜的影响。据这些学者考证，阿弥陀（Amita）从词源上可以追溯到上古波斯神话和印度神话中的太阳神密多罗（Mitra），因为太阳神就是持有无量光明之神。但同时亦有学者认为，阿弥陀佛信仰源于印度文明内部。他们认为婆罗门教的《考史多启奥义书》（*Kausitaki Upanisad*）

中描绘的梵天玉座，又名"无量威力"（Amitojas），与佛教的"无量光"理念相通，而且这一奥义书中关于死后世界的描述，在细节上和极乐世界有很多相似之处。极乐世界中的七宝莲池、黄金大地，也与印度人心目中的理想世界形态密切相关。由于文献资料的缺乏，这些推理都难以确证。南北两传的原始佛教典籍中，鲜有关于凭借称名就得往生弥陀净土的记载，就连法显、玄奘、义净三位西行求法高僧的旅行记中，亦只有释迦牟尼佛、过去佛、弥勒佛及观世音菩萨的记载，未有关于阿弥陀佛的纪事。弥陀净土信仰在印度西北及中亚一带兴起后，尽管在印度本土的影响不大，但传入中国之后，可能由于契合中国当时的国情及中国信众的需要，日趋流行。弥勒净土信仰亦如是。中国信他方净土的高僧，包括道安、慧远（净影寺）、慧恩、玄奘等，均求生弥勒净土。唐以后，弥陀净土信仰越来越普遍，形成了"家家观世音，户户阿弥陀"的局面。

弥陀净土信仰在中国的主要经典依据是"净土三经"，即《阿弥陀经》《无量寿经》和《观无量寿经》。《阿弥陀经》的流通本为译经大师鸠摩罗什所译，用简洁华丽的笔法描绘弥陀净土世界的清净庄严，同时介绍了持名念佛的法门。《无量寿经》描述了阿弥陀佛前生法藏比丘的功德和他立誓成佛的本愿。该经有众多译本，现存的有东汉、孙吴、曹魏、唐及宋译出的五种不同版本。《观无量寿经》则是刘宋畺良耶舍所译，目的在于指导净土修行者对极乐世界进行观想，其

图一　莫高窟第285窟东壁的无量寿佛说法图。中央的无量寿佛着对襟大袍，结
　　　跏趺坐，施无畏印和与愿印，目光下视，面含微笑；左右胁侍菩萨四身，分别是
　　　无尽意、文殊、观音、大势至菩萨；其上弟子四身，分别是阿难、迦叶、舍利弗
　　　及目犍连

十六种观门中的最后三种主要描述了"九品往生"的情况。

敦煌莫高窟最早一幅有关弥陀信仰的壁画，是建于西魏时期的第285窟东壁的无量寿佛说法图（图一）。画中无量寿佛着对襟大袍，结跏趺坐，施无畏印和与愿印，目光下视，面含微笑，题名无量寿佛；左右胁侍菩萨四身，题名分别是无尽意、文殊、观音、大势至菩萨；其上弟子四身，持鲜花供养，题名分别是阿难、迦叶、舍利弗及目犍连。人物造型反映了南朝秀骨清像的风格。在邻近的北壁佛座下面有发愿文，中有"佛弟子滑黑奴……敬造无量寿佛一躯并二菩萨……"等字句（图二）。该窟的供养人估计为鲜卑族，身穿

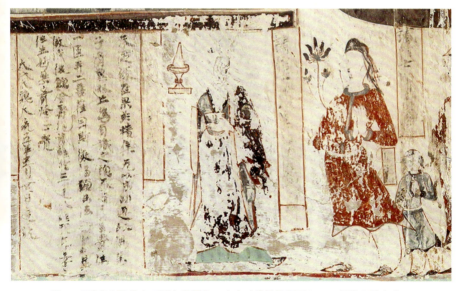

图二　285窟北壁佛座下面有发愿文，中有"佛弟子滑黑奴……敬造无量寿佛一躯并二菩萨……"等字句

袴褶，腰系蹀躞带，脚蹬靴。最前一人的腰带小环下悬挂一椭圆形荷囊，佩戴打火石、短刀等物（图三），反映了敦煌地区民族多源、文化多元的特色。

图三　285窟的供养人估计为鲜卑族，身穿袴褶，腰系蹀躞带，脚蹬靴。最前一人的腰带小环下悬挂一椭圆形荷囊，佩戴打火石、短刀等物

净土经变（二）：阿弥陀经

　　《阿弥陀经》为"净土三经"之一，经文的内容主要分两个部分：

　　首先，经文详细地介绍了西方极乐世界、依报世界和正报世界的种种殊胜，让众生生起信心，信仰念佛净土法门。经文说：在我们这个世界的西方，经过十万亿诸佛国土，那里有一个世界，叫作极乐。在那个世界里面，有佛名阿弥陀佛，现在正在说法，普度众生。在这个极乐世界里，有七重栏楯、七重罗网、七重行树、七宝池、八功德水、四色莲花、七宝楼阁，黄金为地。风吹罗网，常作天乐；众鸟齐鸣，皆演法音。众生闻是音，皆生念佛念法念僧之心。经文又说：微风吹动，行树罗网，出微妙音，譬如百千种乐，同时俱作。阿弥陀佛光明无量，能照十方国土。佛的寿命无量无边，佛的国土和菩萨、罗汉也是无量无边的。经中还说：十方世界念佛众生，一旦生到那里，个个都得三种不退，即位不退、行不退、念不退。

此外，经文劝导众生发愿，愿生西方极乐世界。那里有诸上善人，俱会一处，研讨佛法。经文又说：以微少善根、微少福德因缘，不能得生彼国。信众既然听到阿弥陀佛的万德洪名，要念念相续，执持名号，七天、两天、一天，乃至一念，要净念相继。一心专念阿弥陀佛名号，到命终时，即能得到阿弥陀佛和观世音菩萨、大势至菩萨及许多圣众前来接引，往生极乐世界。

敦煌壁画中，以净土三经为内容的壁画不少。较有代表性的阿弥陀说法图可见诸建于初唐的莫高窟第57窟北壁（图一）、第322窟北壁（图二）及第202窟东壁门北上侧。

第57窟北壁正中的阿弥陀说法图，用约三分之一的篇幅画水池。七宝水池中碧波荡漾，莲花盛开，中央阿弥陀佛安详结跏趺坐，观世音、大势至菩萨侍立两旁。两侧上方飞天飞翔，天空中各种鲜花飘洒如雨，予人以西方极乐世界之联想。

第322窟北壁的阿弥陀佛说法图中，阿弥陀佛亦是结跏趺坐，下有七宝水池。两旁观世音、大势至菩萨侍立。上部有持节飞天，还有不鼓自鸣的天乐。图中右侧菩萨头戴宝冠，目光下视，身体微曲，一手上举，一手自然下垂，轻扶飘带，显得慈祥而华贵；左侧的菩萨同样衣饰华丽，身形修长，面佛而立，两手轻扶飘带，神态矜持。纤长的手指、优雅的动作，体现出女性之美。七宝池中的供养菩萨，有的胡跪在莲

图一　莫高窟第57窟北壁正中的阿弥陀说法图。约占画面三分之一的七宝水池中碧波荡漾，莲花盛开，中央阿弥陀佛安详结跏趺坐，观世音、大势至菩萨侍立两旁。两侧上方飞天飞翔，天空中各种鲜花飘洒如雨，予人以西方极乐世界之联想

花上，双手捧莲，作供养状；有的斜靠在莲花上，低头仿佛在观鱼，神态闲适；有的盘腿而坐，从容地听佛说法。这幅图中还描绘了化生童子活泼可爱的形象。经中说，生于西方净土世界的人，"皆于七宝水池莲华中化生，便自然长大，亦无乳养之者，皆食自然之饮食"。图中可以看到，化生童子盘腿坐在莲花中，周围碧绿的池水中，还绘了游来游去的鸭子，富有情趣。图中两侧各有三身持节飞天乘云而下，天空中还飞舞着不鼓自鸣的筝、箜篌等天乐，反映了经文所描述的"彼佛国土常作天乐，黄金为地，昼夜六时雨天曼陀罗华"的祥和景象。

图二　莫高窟第322窟北壁的阿弥陀佛说法图中，阿弥陀佛亦是结跏趺坐，下有七宝水池。两旁观世音、大势至菩萨侍立。上部有持节飞天和不鼓自鸣的天乐

净土经变（三）：无量寿经

　　《无量寿经》为净土三经之一，经文介绍阿弥陀佛（亦称无量寿佛）所发诸大愿（依版本不同而数量不一，最多为四十八愿），建立弥陀净土接引十方世界众生，以及弥陀净土的大概样貌。经文又叙述释迦牟尼佛在王舍城耆阇崛山，为大比丘众一万二千人及普贤、弥勒诸大菩萨说法，谓过去世自在王佛时，有国王出家为僧，号法藏，发四十八大愿，称"十方众生，至心信乐，欲生我国，乃至十念，若不生者，不取正觉"。经过漫长的时间，积无量德行，在十劫前成佛，号"无量寿佛"，光明寿命最尊第一，其国土谓安乐净土，无量功德庄严。国中声闻、菩萨无数，讲堂、精舍、宫殿、楼观、宝树、宝池均以七宝装饰，百味饮食随意而至，自然演出万种伎乐，皆是法音，无有众苦，皆能趋向佛之正道。至于往生者，有上辈、中辈、下辈之分。彼国菩萨都能得到一生补处（即隔一生而成佛），以观世音、大势至菩萨为上首。最

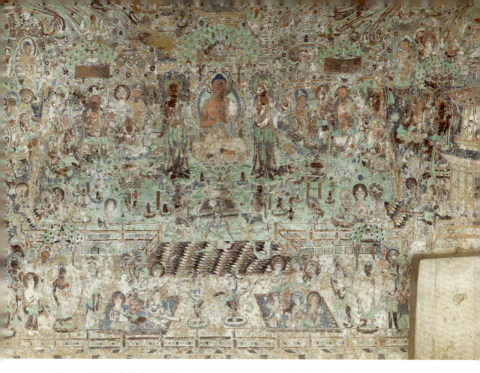

图一　建于初唐的莫高窟第220窟南壁的通壁巨幅西方净土变，被认定为无量寿经变

后，释迦牟尼佛劝弥勒及诸天人等，备勤精进，不存怀疑，信心回向，便能在彼国七宝池莲花中化生。综上所述，《无量寿经》与《阿弥陀经》有颇大的互补性，同为净土法门修行之主要依据。

经敦煌研究院有关专家研究，建于初唐的莫高窟第220窟（亦称翟家窟）南壁的通壁巨幅西方净土变，被认定为无量寿经变。这幅巨画（图一）高3.42米，宽5.4米，其中的主尊即为阿弥陀佛。根据净土三经绘制的经变，主要描绘的都是阿弥陀佛所在的西方净土世界，所以都可以称作西方净土变。但在壁画中，这三种经变也有很多细微的分别。总的来说，西方净土也就是极乐世界，据经文说，在这个世界中，没有痛苦，只有快乐。人们丰衣足食，所需物品，皆得满足，也没有劳作之苦。阿弥陀佛和观世音、大势至菩萨生活在这里，有天人作音乐舞蹈，一片祥和自在的景象。人通常是由胎生的，但进入西方净土则要从莲花中生出来（图二），称作化生。化生表明净土世界已到了无生不灭的境地。

　　画面中间为碧绿的水池，表现经文所说的七宝池、八功德水。水池中有朵朵莲花，莲花上面坐着的就是化生童子。还有一些透明的花蕾，可以看到有些儿童在其中，或合掌端坐，或倒立，或在水中嬉戏，说明他们要进入净土世界还需

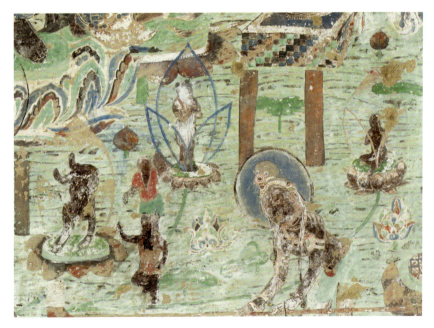

图二　水池中有朵朵莲花，可以看到有些儿童在透明的花蕾中，或站立，或合掌端坐，或倒立，说明他们要进入净土世界还需要一段时间，而有些化生童子已出来在水中嬉戏

要一段时间。水池中央的莲台上坐着阿弥陀佛，着通肩袈裟，双手作转法轮印，观世音、大势至菩萨侍立左右，周围还有众多的听法菩萨。画面上方有不鼓自鸣的天乐，下方的平台上有两身舞伎在小圆毯上翩翩起舞（图三），两侧还各有一个乐队。舞乐齐动，瑞鸟和鸣，空中飞天散花，各方诸佛乘云而下，呈现一片祥和欢乐的景象。画面以佛为中心，人物众多，但神形各异，有主有从，繁而不乱；用色以青绿为基调，配色不多却华丽灿烂。画家对人物的动态和衣服的质感表现得非常细腻真切。

图三　平台上有两身舞伎在小圆毯上翩翩起舞

净土经变（四）：观无量寿经

《观无量寿经》为净土三经之一，共一卷，为刘宋畺良耶舍所译，主要内容有以下三部分：

首先是一个名为"未生怨"的因果报应故事。印度王舍城的国王频婆娑罗年老无子，盼子心切，便请相师算命。相师告诉国王，山中有一修道者，死后当来投胎。国王心中急切，便使人断绝修道者粮食，令他饿死，可是仍未见有子。国王于是质问相师，相师说：修道者投生的时候未到，已化为白兔。国王又派人到树林中围捕所有白兔，用铁钉打死。不久，王后果然有孕，生下一子，名阿阇世。国王和王后对儿子极度宠爱。阿阇世长大后，一日出游回城，忽然心生恶念，听从一个名叫调达的恶友教唆，举兵政变，篡夺王位，把国王幽禁于七重深牢中，断绝食物，准备将国王活活饿死于狱中。王后韦提希夫人十分挂念国王，而阿阇世不许任何人给国王送食物，王后就借探监之机，把酥蜜和麨涂在身上，将葡萄汁灌于璎珞之内，偷偷带给国王充饥。阿阇世知道后大怒，要杀王后。经两位老臣苦苦相谏，方才作罢。最终阿阇世把王后也囚禁起来，用铁钉打死了国王。王后被幽禁于深宫，无限悲痛，便终日念佛，以求解脱。于是，佛与目犍连、阿难二弟子从天而降，来到王宫，向王后讲明了过去现在的因缘，使她明白了世间的生死报应。王后别无他想，一心向往佛境，并请佛指点往生西方极乐世界的途径。

佛于是给王后详细讲了到达西方极乐世界的"十六观"修行法。按"十六观"的次第，从面朝西方观想落日，渐次到观西方三圣（阿弥陀佛、观世音菩萨及大势至菩萨）的身相，以及弥陀净土庄严诸相，以此作为往生西方极乐世界的修行途径。

此外，经文同时阐释了上、中、下三辈九品往生的位阶，即进入西方净土世界有九种不同级别，分别为上品上生、上品中生、上品下生、中品上生、中品中生、中品下生、下品上生、下品中生、下品下生。

《观无量寿经》因为讲解了比《阿弥陀经》和《无量寿经》更为细致而具体的净土修行法门，故而在唐代大为流行。观无量寿经变在莫高窟共存八十四铺。除了在壁画的中央部分绘出净土世界外，往往还会在画面的两侧以条幅的形式加绘"未生怨"和"十六观"的内容。建于盛唐的莫高窟第172窟就是一个好例子。此窟南北两壁都以观无量寿经变为主要内容，不过画家的表现技巧却各有千秋。

图一　莫高窟第172窟北壁的观无量寿经变图

图二　未生怨故事最后一段，王后被幽禁于深宫，终日念佛，以求解脱。
于是，佛与目犍连、阿难二弟子从天而降，向王后讲明了过去现在的因
缘，使她明白了世间的生死报应。王后别无他想，一心向往佛境，并请佛
指点往生西方极乐世界的途径

图三　十六观之一，王后面朝西方观想落日。这幅
"日想观"也可看作独立的山水图，风景优美

北壁的经变画（图一）以佛为中心，听法菩萨似众星拱月，围绕成弧形。这些菩萨个个体态优美，面含笑意，有的身体前倾，双手捧香炉供养；有的合掌低头，静思默想；有的抚掌微笑，若有所悟；有的仰首注视，全神贯注；有的正襟危坐，充满敬意；有的抱膝冥想，若探求佛理。画的下部还描绘了乐舞场面。两组乐伎共十六人演奏乐器，中间两名舞伎正挥袖起舞。南壁与此有所不同，虽然左右两侧也分别有八人乐队在演奏，但中间两名舞伎却是一人挎腰鼓，一人反弹琵琶，节奏感十分强烈。

净土经变图的两侧以条幅的形式画出"未生怨"（图二）和"十六观"（图三）的内容，包括阿阇世拘禁国王，王后探监；阿阇世欲弑母，两大臣谏阻；国王与王后礼佛，佛从天降为他们说法等。与"未生怨"相对的另一面，也是通过连续的图像表现"十六观"的内容，十分细致。

弥勒经变

弥勒（意即慈氏）为释迦牟尼佛的弟子，据说出身于南天竺婆罗门家庭，经佛陀教化后常修菩萨行，被授记未来"当做佛，名号曰弥勒"。在印度佛教史中，关于弥勒的记载甚早，上座部经典和《中阿含经》及《长阿含经》均有"未来久远人寿八万岁时，当有佛，名弥勒如来"的记载。因此，弥勒被认定为释迦牟尼佛的继任者，将在未来的娑婆世界降生成佛，亦常被尊称为当来下生弥勒佛。有关弥勒信仰的经典，在中国较流行的有"弥勒三经"：

一、《弥勒菩萨上生兜率天经》，由北凉沮渠京声（匈奴裔，北凉王子，后出家为僧）所译。此经描述弥勒菩萨命终往生兜率天宫，成为"一生补处菩萨"，在净土院为诸天说法。经文对兜率净土有生动的描写，又说明了欲往生兜率者所应修的种种善业，包括念佛和口诵弥勒圣名等修法。

二、《弥勒下生经》，为西晋竺法护所译。此经描述弥勒

图一   第445窟北壁的弥勒经变图保存完好，是莫高窟经变画中的上乘之作

在后世人寿达八万四千岁时会降生人间，出家修行，觉悟成佛，并将在龙华菩提树下举行三次传法大会，分别度化九十六、九十四、九十二亿众生，从而建立人间净土。

三、《弥勒大成佛经》，为姚秦鸠摩罗什所译，与《弥勒下生经》相近，不过内容更加丰富。

弥勒信仰在佛教传到中国的初期就已流行。南北朝时期，不仅石窟和寺院，许多单独的造像碑上亦刻了弥勒菩萨的形象。在敦煌，以弥勒经为内容的壁画则是在隋代以后才流行起来的。较有代表性的弥勒经变图包括莫高窟第419窟（隋）、第202窟

图二　"树上生衣"，一人伸手取衣，另一人张臂穿衣，表现"时阎浮地内，自然树上生衣，极细柔软，人取着之"

图三　在弥勒世界，"人寿八万四千岁"，"女人年五百岁，尔乃行嫁"。为了反映这一经文内容，画家以人间婚俗为蓝图，宅院外搭起帐幕，并以屏风围成举办婚礼的场所，宾客满座，乐舞翩翩，新郎新娘在乐舞中礼拜；同时，侍者往来忙碌，屏风外还有人探头偷看，富有生活气息，生动表现了民间婚礼的场面

南壁（中唐）、第445窟北壁（盛唐）、第12窟南壁（晚唐）和榆林窟第25窟北壁（中唐，吐蕃占领瓜州时期）。

以第445窟北壁（图一）为例，弥勒经变图的上半部分为《上生经》，约占全画三分之一，其余三分之二为《下生经》。上生经变中央有须弥山，山上有兜率天宫，天宫呈三院组合，弥勒居中说法，诸天围绕。院内有殿、廊、花树，墙外有天神守护，天宫两侧数朵彩云上均有宫殿，象征四十九重微妙宫。天际绘诸天赴会和天乐飘飞。

正中部分绘龙华三会。初会居中，弥勒身穿右袒式袈裟，倚坐于须弥座上说法，大妙相、法华林两大菩萨及其他弟子、菩萨、天王围绕左右。两侧绘龙华二会及三会说法场面。初会下部绘香案供品及七宝形象：轮宝绘一车轮，主藏宝为一珍宝盒，象、马宝各画一象一马，还有兵宝、女宝、珠宝等形象。七宝是识别此经的标志之一。

《下生经》部分生动地介绍了弥勒世界的人间净土：一个富饶丰足而事事美满的理想国，包括一种七收、树上生衣、路不拾遗、夜不闭户、女子五百岁出嫁、老人自诣坟墓、土地自然开合（让人便溺）、龙王夜雨除尘、夜叉半夜扫街衢等内容。弥勒信仰既能拯救人间苦难，又能予人以安定和丰足的生活，因此大为流行，弥勒经变是敦煌壁画中数量最多的经变画之一，自隋到西夏多达九十八铺，其中莫高窟就有九十二铺。

弥勒大佛

　　弥勒信仰于公元四世纪传入中国，随着"弥勒三经"先后被翻译成汉文，弥勒信仰日盛，人们向往富足美满的弥勒世界。南北朝以来，在中国广大地区，弥勒造像极为普遍。敦煌莫高窟北凉、北魏、北周等时期开凿的洞窟中均塑有许多弥勒佛像，其中以第96窟（图一，初唐）的北大像和第130窟（图二，盛唐）的南大像最为典型。

　　第96窟塑有一尊倚坐的弥勒大佛像，高35.5米，是莫高窟的第一大坐佛，因此该窟亦被称为"大像窟"。大佛像倚山而凿，石胎泥塑，像外建起包括窟顶的木构窟檐。其具体做法是：先在崖壁上凿刻成大体的石胎轮廓，然后用草泥垒塑，再用麻泥细塑，最后用色料着彩。大佛作倚坐之势，两腿自然下垂，两脚着地，目光下垂，高大威严，具有一种震撼人心的气势和威力。大佛的右手上扬，作施无畏印，意为为众生拔除痛苦；左手平伸，作与愿印，意为满足众生的愿

图一　莫高窟第96窟。窟前木结构建于1939年，习称"九层楼"，已成为莫高窟的象征

望。五代以后，因莫高窟地震，此窟壁画尽毁，窟檐倒塌。由于原佛像为依崖凿成的石胎，没有受到巨大的破坏，所以其身材比例、坐式姿态，还保持了唐朝的风貌。1928年重修窟前木构建筑时，曾重绘大佛身上的僧祇支及土红色袈裟，并在袈裟垂裾边沿绘上清式云龙纹。1987年，敦煌研究院曾对佛像的双手进行了重修。

莫高窟第130窟开凿于盛唐时期，因造像位于北大像之南，故又称南大像。佛像高约26米，是莫高窟的第二大佛。据敦煌文书数据判断，此窟始凿于盛唐开元九年（721）之后，建成应是天宝年间（742—756），前后费时二十多年。

南大像为善跏趺坐弥勒像，雄伟的佛身倚崖而坐，双腿下垂，两脚着地，左手抚膝，轻柔自然，右腿上置经书，右手施无畏印，肘倚在经书上，佛头微俯，双目微合下视，神情庄严而略含笑意。大佛像除了右手经过宋代重修，其他部位都是唐代的原作。总体来说，南大像气势雄伟，神态可亲，在宏大的气势中不失细腻。

莫高窟现存的这两尊唐代弥勒大佛，反映了当时弥勒信仰的流行。弥勒大佛约在公元四至五世纪（即贵霜王朝中期）出现于印度的西北地区，在《法显传》《名僧传》等文献中均有记载。中国古代也有造弥勒大佛的风气，现存弥勒大像多尊，如浙江新昌大佛（南齐，16米）、河南浚县大佛（后赵，27米）、甘肃天水麦积山大

佛（北魏，15米）、莫高窟北大像（唐，35.5米）、莫高窟南
大像（唐，26米）、榆林窟第6窟大佛（宋，24米）、炳灵寺
大佛（唐，27米）、天梯山大佛（晚唐，26米）、宁夏须弥山
大佛（唐，20米）以及四川乐山大佛（唐，71米）等。这些
大佛均属弥勒下生的倚坐像。

　　弥勒信仰流行的年代，除了倚坐像之外，交脚弥勒菩萨
和思维菩萨的塑造亦十分普遍。有关交脚弥勒的介绍，读者
可参阅本书"弥勒菩萨在敦煌（一）"一节。思维菩萨的造像
则反映了弥勒菩萨在思虑决疑时的神态：俯首下视，右手支
颐，左足下垂，右足靠在左膝上，呈半跏思维态。弥勒菩萨
半跏思维像的塑造，在日本和韩国亦很普遍，其中有珍品还
分别被列为日本国宝第一号和韩国国宝第七十八号。

二　莫高窟第130窟的南大像头部微俯，双目微合下视，略含笑意，神情庄重
祥。匠师在塑造这尊大佛时，有意放大了头部，佛像通高26米，仅佛头就达7
，超出了人体的正常比例，这就解决了礼佛者仰视大佛所造成的头小体大的视
，使人能清晰地看到佛面部的表情（敦煌研究院吴健摄）

金刚经变

　　《金刚经》，全称《金刚般若波罗蜜经》，是早期大乘佛教般若部的重要经典之一，有六个汉文译本，其中流传最广者为姚秦鸠摩罗什译本。

　　《金刚经》描述释迦牟尼佛在舍卫国祇树给孤独园，与一千二百五十位大比丘在一起。一次，快到吃饭时，佛便穿衣持钵到舍卫城中化缘（乞食），化到食物后持钵回园。食毕，收衣钵，洗足，然后端端正正坐下。这时，一位名叫须菩提的长老走过来，恭恭敬敬地向佛行礼后，问了一个关于"无上正等正觉"的问题，在佛法中，那是一种能觉知一切真理，了知一切事物，从而达到洞悉一切、无所不知的智慧。这种智慧是超越常人

的，只有佛才具有，须菩提长老其实是在问如何才能成就这种智慧，亦即如何才能成佛。释迦牟尼佛听了须菩提的问题，十分欣喜，便详细地回答了这个问题，指出如要成就无上正等正觉，就需要洞悉缘起性空的道理，逐步离一切相，即见空性，见空性即见性，见性即见法身，见法身即见如来，如来即佛。重点在于破相离相，不住（不执着于）诸相，应生

图一　莫高窟第31窟建于唐天宝年间，南壁通壁画金刚经变（敦煌研究院孙志军摄）

图一　佛结跏趺坐，为众比丘说法（敦煌研究院孙志军摄）

无所住心。在《金刚经》的结尾处，有一首二十字的偈语，对此做了很好的概括，这也是该经思想的精髓：

"一切有为法，如梦幻泡影，如露亦如电，应作如是观。"

大意是：世上万物都是无常的，如梦如幻，如水面的气泡、镜中的虚影，如清晨的雨露、黑夜里的闪电，瞬息即逝。因此，我们平时所看到的一切事物的形相，其实都不是它们真正的来源。事物真正的形相（实相）是"无相"，因此不必执着（住）。能真正认识到无相无实相，能做到对世间万物无住无念，就可以得到真正的解脱。

金刚经变在莫高窟主要集中在唐代的洞窟。建于盛唐的第31窟和第217窟有两铺。中唐的第112、135、154、236、240、359、361、369窟，晚唐的第18、85、138、143、144、145、147、150、156、198窟均有绘制，共二十铺。这可能反映了《金刚经》在中晚唐时期大为流行，成为佛教最具代表性的经典。但五代以后在敦煌不再绘制，原因不明。以建于天宝年间的第31窟为例，南壁通壁画金刚经变（图一），有多个情节：一、与比丘俱：佛结跏趺坐说法，两侧有比丘听法（图二）。二、舍卫乞食：佛左手托钵，乘云而下，身后一比丘随侍；城门外一男子面对佛，跪献食物供养（图三）。三、为佛洗足：佛坐树下，左脚横在座位上，右脚放在盆中，一女子蹲着为佛洗足（图四）。四、须菩提问法：佛结跏趺坐说法，有比丘跪着请问。五、无余涅槃：池中有两条鱼、数朵莲花，表示的经文可能是"所有一切众生之类……我皆令

图三　经云"入舍卫大城乞食"，佛左手托钵，乘云而下，身后一比丘随侍；城门外一男子跪献食物供养（敦煌研究院孙志军摄）

图四　经云"饭食讫，收衣钵，洗足已，敷座而坐"，佛坐树下，左脚横在座位上，右脚放在盆中，一女子蹲着为佛洗足（敦煌研究院孙志军摄）

入无余涅槃而灭度之"。六、四罗汉果：四比丘禅定。七、筏喻：一人坐在河中筏上，榜题"如筏喻者，法尚应舍，何况非法"。第31窟南壁之东侧，也有以下两个金刚经变的情节：八、受持诵读：一男子读经，四人听讲，表示的经文当是"当来之世，若有善男子、善女人，能于此经受持读诵……皆得成就无量无边功德"。九、歌利王本生：一穿黑色衣服的人左手握刀，前面有二人，僧俗难以确定，可能表示经文"如我昔为歌利王割截身体"。

维摩经变

　　《维摩经》，又称《维摩诘经》《维摩诘所说经》，约成书于公元一世纪后，是继《般若经》后的初期大乘佛教经典之一，在印度即已流行。现时流通的中译本为姚秦鸠摩罗什所译，三卷，十四品。相传维摩是佛陀的在家弟子之一，又名维摩诘，为中印度毗耶离城的长者，虽居俗尘，但精通佛教教理，其修为高远，虽出家弟子犹有不能及者。他是本经的中心人物，故称《维摩经》。据经文所述，维摩居士家财万贯，平常救助贫民，布施僧侣，乐善好施，而且不执着于外相，为了度化众生，维摩居士可以向天神天魔说法，也可以向王公贵族说法，甚至在妓院、赌场向贪欢求乐的凡人说法。由于维摩以智慧善辩著称，又可以不剃度而自由地在家修行，因此深受中国士大夫们的喜爱。魏晋以来，该经在中国十分流行，石窟寺中也大量出现雕塑或壁画的维摩经变。中国现存最早的维摩经变画面，在甘肃省永靖县炳灵寺石窟第169

窟。敦煌莫高窟共有六十八座洞窟有维摩经变图，最早的建于隋代，到了唐代则更流行了。北魏的云冈石窟、麦积山石窟均有维摩经变的雕塑或壁画。

莫高窟第220窟内的维摩经变图，绘于窟门壁面的南北两侧。南侧是维摩坐在帐中，头束白纶巾，身穿鹤氅裘，手持麈尾，目光炯炯有神，神情激昂，正沉浸在辩论的气氛中。香积菩萨托钵跪在前面，下面是各国王子听法的场面，上部则画出妙喜世界。北侧是文殊菩萨和弟子、菩萨以及帝王、大臣听法。文殊菩萨头戴宝冠，披巾系裙，佩饰瓔珞，手持如意，与维摩隔门相对而坐。他举止从容，神态庄重，与维摩兴奋激动的神色形成了鲜明的对比。

从以上壁画的内容来看，这铺维摩经变是将《维摩经》的《文殊师利问疾品》《方便品》《香积佛品》《见阿閦佛品》《不思议品》《观众生品》六品内容结合在一起作为主题来构图的。

图一及图二是莫高窟第103窟（盛唐）东壁所绘的维摩经变图。画面上可见：维摩踞坐于床帐上，手挥麈尾，斜倚乌皮几，身披鹤氅，意态潇潇，毫无病容，正扬眉启唇，向文殊菩萨诘难。他通体衣褶流畅自然，神采奕奕的面容与手脚均用焦墨、中墨多次勾勒，一派潇洒自由的笔墨，把一位经纶满腹、学识渊博的大居士生动地刻画出来。而与之遥遥相对，截然不同的形象是文静安坐、胸有成竹的文殊菩萨，两人形成了十分鲜明的对比。文殊身后的众弟子，表情更是十

分生动：他们有的交头接耳，有的像是迷惑不解，有的好像若有所悟，而有的犹在苦苦思索。文殊座下的帝王，以高大的形象突出其地位。一手流畅明快的线描，把这位广额丰颐、浓眉大眼、高鼻美髯、仪表堂堂的中年华夏帝王勾画得栩栩如生。他头戴冕旒，身穿衮衣，在大臣和侍从的簇拥下，昂首阔步，不可一世，向维摩走去。尽管表现的是听法时的愉快心情，但又映射出这一时期中原帝王的自信与心态，不失为一幅难得的历史人物画写实作品。

图三是吐蕃统治敦煌时期开凿的第159窟（中唐）东壁的维摩经变图，仍然是以《问疾品》为主要题材，但吐蕃赞普取代了汉族帝王。在维摩居士下方则绘了西域各国少数民族的王子（包括吐蕃王子），以突显吐蕃统治的现实。

图一　莫高窟第103窟东壁门北侧的维摩经变图。图为文殊菩萨及文殊座下的帝王（敦煌研究院文物数字化研究所制作）

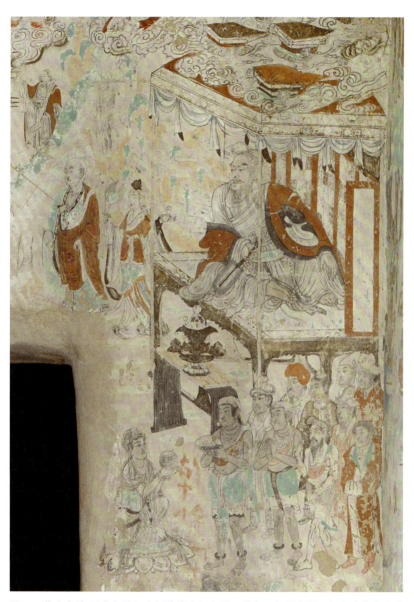

图二　莫高窟第103窟东壁门南侧的维摩经变图。维摩正扬眉启唇，向文殊菩萨诘难
（敦煌研究院文物数字化研究所制作）

图三　第159窟东壁的维摩经变图，仍以《问疾品》为主要题材，但吐蕃赞普取代了汉族帝王（敦煌研究院文物数字化研究所制作）

药师经变

　　《药师经》，全名为《药师琉璃光如来本愿功德经》，为大乘佛教早期经典之一。传入中国后，曾经五次翻译，包括东晋帛尸梨蜜多罗译本、南朝慧简译本、隋达摩笈多译本、唐玄奘译本及唐义净译本。现今流通最广的是玄奘译本。经文内容为佛应文殊师利菩萨的启请，说明东方净琉璃世界药师如来的功德，并详述药师如来因地所发的十二大愿。药师佛注重为众生求得现世的安乐，以念佛、持咒、供养等善巧方便度化众生。经中并宣说为现世众生救病、救国难、救众难，以及用以消灾延寿的法门。

　　隋代敦煌流行的《药师经》是帛尸梨蜜多罗和慧简两种译本。《药师经》诸汉文译本中，唯有这两种译本详述药师八菩萨的名号，说明这八位菩萨在当时的药师信仰中有着重要地位。受到这两种译本的影响，有些隋代药师经变图画上了药师八菩萨。此外,《药师经》诸汉文译本中,也只有这两种早期译本论及礼敬药师佛可往生兜率天,面谒弥勒。所以,隋代画师多在药师经变图的对应或相关位置绘弥勒上生经变,以表示药师信仰和弥勒信仰的密切关系。隋代以后,其他译本日益流行,这些译本不但未载药师八菩萨的名号,也将礼敬药师佛可往生兜率天这段文字删去。所以上述两点隋代药师经变的特色,在隋代以后的壁画中较少发现。

药师经变在敦煌壁画中是十分常见的题材,最早出现于隋代,至宋代和西夏时期仍有绘制。药师变图在敦煌现存一百零二铺,其中莫高窟有九十六铺,安西榆林窟有四铺,西千佛洞及五个庙石窟各有一铺。

药师信仰之所以当时流行,是因为信众认为药师佛能治病救人,消灾延寿。凡"无救、无归、无医、无药、无亲、无家"之人,只要供养药师佛,就可以得救。这样一来,药师佛就成了苦难的人们心目中的救星。

唐代洞窟中往往把西方净土变与药师经变相对画出。例如莫高窟第220窟,在南壁画西方净土变,在北壁就画药师经变。这样,西方阿弥陀佛、东方药师佛与正龛的释迦牟尼佛就组成了"横三世佛"。

第220窟的药师经变,是较有代表性的一铺唐代

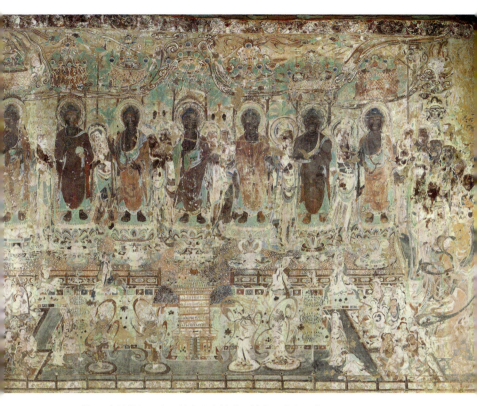

图一　第220窟的药师经变是较有代表性的一铺唐代药师经变

药师经变（图一）。画面中心绘药师七佛，同排立于水池中的勾栏平台上，上有双树华盖，宝饰垂幔，彩幡飞舞。这七尊药师佛像，即《药师经》中所说的"礼拜供养世尊药师琉璃光如来，……应造七躯彼如来像，……像前各置七灯，一一灯量大如车轮，或复乃至四十九日光明不绝，当造五色彩幡，长四十九尺"。

在药师七佛左右，八大菩萨穿插其间。水池中央的平台，以红蓝两色琉璃铺成。宝台的栏边，有侧身倚栏而坐的菩萨四身，手捧莲花，合掌礼佛。水池中碧波荡漾，莲花盛开。宝台两侧是神将和圣众。神将的上方是阿修罗，下方是力士。宝台的下方是灯架和伎乐队。画中舞伎四人，乐伎三十二人，分成两组，鼓乐歌赞，供养药师佛。画面充分展示了药师佛国净土的景象。

莫高窟第12窟北壁也有一铺晚唐的药师经变（图二）。药师佛结跏趺坐于台上中央，左右对称端坐月光菩萨和日光菩萨。佛前平台上有两身伎乐对舞，两侧平台上各有一组乐队伴奏。下部中间绘药师十二神将。画面宏伟壮阔，气氛宁静而祥和。

图二　莫高窟第12窟北壁的晚唐药师经变（敦煌研究院孙志军摄）

华严经变

　　《华严经》，全称《大方广佛华严经》，是大乘佛教修学的一部重要经典。主题是释迦牟尼佛成道后，为文殊、普贤诸大菩萨介绍毗卢遮那佛所居的重重无尽的华藏世界。根据吕澄、印顺等佛教学者的研究，《华严经》最早的写作年代，可能是在释迦牟尼佛涅槃后约五百年，公元三或四世纪。《华严经》最初在印度只是以分散的经典形式存在，并没有集结成完整的经卷。公元二至三世纪中叶，华严系的经典从印度的南部向中部和西北部传播，最后在中国西域地区合成大本的《华严经》。

　　《华严经》有三个汉译本：一、六十华严，为东晋佛驮跋陀罗所译，六十卷；二、八十华严，为唐代于阗实叉难陀所译，八十卷；三、四十华严，为唐代般若所译，四十卷。其中以八十华严的译本品目最完备，文笔最流畅，因此也最流行。

　　八十华严有三十九品"七处九会"之说，描述佛在天上人间的七个地方九次宣说佛法。这七个地方包括人间三处：菩提道场、普光明殿、给孤独园；天上四处：忉利天宫、夜摩天宫、兜率天宫、他化天宫。其中心思想是从诸法本性清净的观点出发，说明诸法反映了同一佛理，举一微尘即可反映整个世界之理。因而世间万法，一即一切，一切即一。此经又着重描述修菩萨行成佛过程中各个阶段的状况，以及所取得果位的差别。经中的《入法界品》以善财童子为例，说明了修行者所需践行之参学和修证。善财童子先后参访了五十多位善知识，虚心努力学习这些善知识的智能和德行，最后终于修行圆满，"与普贤等，与诸佛等"。

　　在莫高窟第9窟（晚唐）窟顶南、西、北三披，绘有华严经变图（图一），内容是描绘释迦牟尼佛在人间三处、天上四处的九次说法会。窟顶三披，每披绘三会，以中间一会为构图中心。三披连贯，一气呵成，绚丽多姿，宏伟壮观。

　　在该窟北披、南披、西披说法图下部，又绘上了善财童子五十三参的故事（图二）。善财童子生于古印度福城长者之家，由于前世广修功德，出生时家境富有，故得名"善财"。又因为他得道后常以童身出现，故俗称"善财童子"。他是佛门修学的典范。据经文记载：有一年，文殊菩萨到善财的家乡福城去弘法，善财也跑去听讲。他善根深厚，听文殊菩萨讲法后，顿时萌发了四方参学的志愿。文殊菩萨首先指示他参访南方胜乐国妙峰山德云比丘。他依言而行，从德云比

图一　在莫高窟第9窟窟顶南、西、北三披，绘有华严经变图，内容是描绘释迦牟尼佛在人间三处、天上四处的九次说法会（敦煌研究院文物数字化研究所制作）

图二 莫高窟第9窟南披的善财求法图

丘那里得法益后，又由德云引荐去参访另一位名师。就这样，善财风尘仆仆，经历"百城烟水"，依次参访了五十三处的五十五位善知识（良师益友），其中不仅有佛门的菩萨、比丘、比丘尼、长者、居士，还有外道的长者、童女、婆罗门、王者、仙人、天女、天神、地神等。最终，善财童子以坚强的毅力和虔诚的信愿感动了普贤菩萨，并在其开示下成就了"菩萨行愿"。善财童子的参学经历启发人们：学佛不仅要有吃苦精神和锲而不舍的毅力，还要持开放和虚心的态度，不分教内教外，凡有益于修学和修行的都应虚心学习，不可自立藩篱，将别人的智慧和经验拒之门外。

涅槃经变

《涅槃经》，全称《大般涅槃经》，是大乘佛教的重要经典之一，于公元二至三世纪间在南印度结集而成。汉文译本由东晋法显于五世纪时首次译出，最早只有十卷本。其后北凉昙无谶由于阗取回后三十六卷，译成四十卷本。

莫高窟第332窟（初唐）南壁绘的涅槃经变（图一）与西壁内的彩塑涅槃像合璧，是一铺完整的涅槃经变。南壁的经变图高3.7米，长达6米，画面由右下部开始，向左延伸，然后由左向右，以连环图的形式描绘了《涅槃经》的九组情节：

第一组：临终遗教。释迦牟尼结跏趺坐，手作转法轮印，为弟子们宣讲涅槃思想，周围众菩萨弟子及天龙八部聆听佛的最后一次说法。在画的上部还画了一座大山，山下有一位比丘正与一位婆罗门对话，表现佛弟子迦叶正从耆阇崛山赶来，途中向婆罗门询问释迦牟尼的病情。

第二组：双树病卧。画释迦牟尼躺在婆罗双树林的七宝

图一　莫高窟第332窟南壁的涅槃经变。此图是大众送殡，诸比丘抬着金棺出
殡，有八菩萨持幡引路，众菩萨、弟子及天龙八部等送葬（敦煌研究院文物数
字化研究所制作）

床上，众弟子焦急地围在释迦牟尼周围，询问佛是否涅槃。

第三组：入般涅槃。表现释迦牟尼于夜半时分入般涅槃，佛弟子们痛不欲生，哽咽流泪。拘尸那城的男女老少来到佛所在的地方，悲痛流泪。佛弟子密迹金刚闷绝于地，须跋陀罗先佛入灭。

第四组：商协入殓。拘尸那城的人们按转轮圣王的规格将释迦牟尼圣体入殓，做成了用七宝镶嵌的金棺。众弟子、菩萨等围绕金棺礼拜举哀。

第五组：再生说法。佛母摩耶夫人听说牟尼涅槃，匆匆自天而降，十分悲伤。释迦牟尼听到了母亲的说话声，便从金棺中坐起，为母亲讲涅槃的意义。

第六组：大众送殡。诸比丘抬着金棺出殡，有八菩萨持幡引路，众菩萨、弟子及天龙八部等送葬。

第七组：香楼火化。佛棺焚化，众菩萨、弟子及佛母在旁哀悼。画面的右下方还画出三个比丘手舞足蹈，这是表示一些不守戒律的比丘，幸灾乐祸，以为佛涅槃后再不会有人来管教他们了。

第八组：八王争舍利。佛涅槃后，以摩揭陀国国王阿阇世为首的七个国王兴兵前来求舍利，遭到拘尸那王拒绝，于是混战起来，以图争夺。

第九组：起塔供养。经一位婆罗门调停后，八王平息了战争，均分舍利，各自造塔供养。

此窟的涅槃经变内容丰富，气势宏大，人情味浓。其中

图二　莫高窟第158窟西壁的涅槃大像长达15.6米，石胎泥塑。这尊涅槃像双目半闭，唇含笑意，表示佛已摆脱了生老病死的轮回，达到"常乐我净"的永恒境界

有些画面并没有完全依照经文内容绘制，而是依据现实生活中的丧葬礼仪和真实情景来绘制，反映了唐代上层社会的丧葬礼仪。

莫高窟第148窟（盛唐）有一幅规模更大的涅槃经变，横贯南、西、北三壁，高约2.5米，总长度25米，画中情节基本上和第332窟相同。第148窟西壁榻上有石胎泥塑释迦牟尼涅槃像，右胁枕手，累足横卧，身长14.4米，表示佛已摆脱了生老病死的轮回，达到"常乐我净"的永恒境界。这亦是佛家所指的涅槃境界。莫高窟第158窟（中唐）西壁的涅槃大像长达15.6米，亦是石胎泥塑（图二）。本窟的经变图没有详细描绘涅槃的故事情节，其重点是南壁的众弟子举哀图和北壁的各国国王、王子们的举哀图。

报恩经变（一）

　　《报恩经》，全称《大方便佛报恩经》。据敦煌研究院谢生保、台湾东海大学林显庭等学者考证，《报恩经》是在南朝宋梁之际（445—516），由中国僧人改编和辑录《涅槃经》《贤愚经》《杂宝藏经》等经典中有关孝养的内容，逐步撰集而成，为佛教中国化的表征。

　　本经以讲述孝养故事为主，共分九品：一、序品：叙述阿难路遇婆罗门乞讨供养父母的故事，为本经的缘起部分。二、孝养品：讲述须阇提太子割肉济养父母的故事。三、对治品：讲述转轮王于身剜孔，燃千灯，以求正觉的故事。四、发菩提心品：讲述佛在过去世因七情六欲而坠地狱，其后发菩提心脱离地狱而成佛的故事。五、论议品：讲述忍辱太子挖眼、抽骨髓救父王，及鹿母夫人的故事。六、恶友品：讲述善友太子入海取摩尼珠的故事。七、慈品：讲述大光明王以头施予敌国，一大臣不忍见而先于王自刎，以及五百盲贼、莲华色比丘尼的故事。八、优波离品：有关戒律的说教。
九、亲近品：讲述金毛狮子誓愿成佛的故事。莫高窟现存
二十余幅报恩经变图，以第85窟（晚唐）南壁东侧的报恩经
变内容最为丰富，情节最为完整。本窟的报恩经变以说法图
为中心，其他各品内容围绕这个中心依次排开。说法图下端
画了一个赤裸上身的婆罗门背着一个老妇人，对面还有一位
僧人（图一）。这正是《报恩经》序品的情节，亦是整幅经变
图的引子，讲的是释迦牟尼的弟子阿难有一次遇到一个婆罗
门沿街乞讨，深为其"所得美食供养父母，所得恶食而自用
之"所感动，此时恰巧有路过的外道讥讽佛不孝父母，于是
阿难来到佛面前，当面请教，引至佛启说《报恩经》。由此可
见"孝"是此经的重要主题。所谓报恩，首先要报的是父母
之恩。

　　说法图右下方为《孝养品》（图二），讲的是波罗奈国大
臣罗睺杀了国王篡位，同时派兵征讨驻守在边境的王子。叛
军将至，守宫神向王子报警。于是王子携带王妃和他们的儿
子须阇提逃亡。因所带食物不多，又误入远道，数日之后，
粮食吃完，王子打算杀了王妃，食其肉以解燃眉之急，被儿
子须阇提制止。之后，须阇提割下自己身上的肉来供奉父母。
几天后，须阇提身上肉尽，又剔下骨节的余肉以献父母，并
催促父母速逃邻国。在画面上，可以见到须阇提坐在石上，
持刀切割骨肉，并双手托盘献肉，又跪伏地上，送别父母，
情景十分感人。王子与王妃走后，天帝为考验须阇提的诚

图一　莫高窟第85窟南壁的报恩经变《序品》，叙述阿难路遇婆罗门乞讨供养父母的故事，为本经的缘起（敦煌研究院张伟文摄）

图二　报恩经变图下方的《孝养品》。画面右方可以看到，须阇提太子坐在石上，持刀割肉，并双手托盘献肉，又跪伏地上，送别父母，情景十分感人（敦煌研究院张伟文摄）

意，又变化出许多狮子、虎、狼，欲食其肉。须阇提盘腿坐在石上，毫无畏惧，坦然面对，于是"血肉顿生，身体平复如故"。

王子与王妃平安到达邻国。邻国国王知道须阇提割肉养亲的故事后，深受感动，于是派兵讨伐罗睺，平息叛乱。王子夫妇归国途中，在寻找须阇提尸骨时，却惊喜地看到须阇提"身体完好如初"。须阇提归国后，举国上下感佩其仁孝，于是迎请须阇提继承王位。画面的大殿正中坐的就是须阇提，右侧则是他的父亲。这就是《孝养品》的情节。

报恩经变（二）

　　《报恩经》的主旨，是讲述"孝养"的故事。敦煌莫高窟现存的二十幅报恩经变图中，以第85窟南壁的经变图内容最丰富，情节最完整。除了上一篇介绍的《序品》和《孝养品》的情节外，对《恶友品》也有十分详尽的描绘。

　　《恶友品》讲述古印度有一个小王国，国王有善友和恶友两个儿子。有一次善友出游四门，见众生相残，劳累辛苦，顿生怜悯之心，于是将国库的财物施予民众，但遭到众大臣的反对。善友遂决定出海寻求摩尼宝珠以济众生。摩尼宝珠是佛教传说中能满足任何索求的宝物。

　　第85窟的报恩经变图中绘了一座城池，城内善友身后有一侍从，手中抱着绢物；城外画的是善友骑在马上，侍从将绢物分舍给众百姓（图一）。经变图左上角，画善友出海，岸边有数人送行。善友先后到达银山、金山、七宝山，还能看到有人搬运金银上船。随行向导忽然去世，临终前告知善友去龙宫索取摩尼宝珠的道路。善友太子踏青、红莲花入海赴龙宫。在龙宫内，善友向龙王求取宝珠。取得宝珠的善友与三位龙神共乘彩云，腾空而出。

画中又绘海岸边善友与恶友相对而立。恶友得知善友获得宝珠，心生忌恨，趁善友入睡，用毒刺刺其双眼，夺珠而去。善友眼瞎，痛昏在地。此时恰有牛群路过，牛王眼见群牛将踩其身而过，遂以自身伏护，并用舌舐其目，拔出毒刺。复明的善友流落到利师跋国，并与该国公主相识、相爱。画

图一　莫高窟第85窟，报恩经变图中的《恶友品》，善友骑在马上，侍从将绢物分舍给众百姓（敦煌研究院张伟文摄）

面上，善友膝上放一张琴，正在弹奏，对面的公主聆听入神。两人身后树影婆娑，飘忽摇曳。一对幸福的恋人正在花前月下，留连忘返（图二）。这种充满诗情画意的场面，与刺目、舐目等血淋淋的画面紧挨在一起，更衬托出树下弹筝的宁静与幸福。当利师跋国王得知善友的身份后，立即派官员送善友和公主回国。善友与公主共乘一白象归国，以德报怨，释放被国王监禁的弟弟恶友；又沐浴焚香，祈求摩尼宝珠变成衣物财货，施舍于民。画面中善友双手合十，端坐城楼，城外立一高柱，柱顶放置摩尼宝珠。宝珠变化为无数衣物绫绸，徐徐飘落。众百姓伸手接物，俯拾珍宝，欢喜雀跃。全画就

图二　善友膝上放一张琴，正在弹奏，对面的公主聆听入神。两人身后树影婆娑，飘忽摇曳（敦煌研究院孙志军摄）

在这"一切众生所须乐具，皆悉充足"的场面中结束。无论是讲报君亲恩的《孝养品》，还是讲报众生恩的《恶友品》，从中都能看到中国传统伦理道德的影子。

敦煌莫高窟第146窟（五代）的南壁，亦绘了《报恩经》的《序品》《孝养品》《恶友品》《论议品》和《亲近品》的情节。《论议品》讲述仙人收养的鹿女足到之处皆生莲花，后被波罗奈国王迎娶为夫人，不久怀孕，满月产下一朵莲花。国王以为是怪物，故废其夫人之位。一日，国王与群臣路过莲花池边，见池中莲花发出红光，派人摘取，于莲花中得五百儿。国王知是鹿母夫人所生，于是重立鹿母为夫人。后来五百王子长大成勇士，邻国皆不敢侵犯，国土安稳。《亲近品》则讲述一金毛狮子深信佛法，誓不害人。一猎人为获金毛狮皮奉献国王以求封赏，用毒箭射杀狮子。国王得知猎人的劣行后，怒逐猎人，聚香木火化狮身，并建塔供养其舍利（图三）。

图三　经变图左上角的《亲近品》，展现金毛狮子誓愿成佛的故事（敦煌研究院张伟文摄）

師子遂死彼若見我必來相射挽弓射之

歡喜介時獵師見師子身毛金色心生

必得覺七

梵网经变

《梵网经》，全称《梵网经卢舍那佛说菩萨心地戒品第十》，为大乘佛教戒律经典。此经现存诸版本，皆署名鸠摩罗什译，但因出处不明，在隋代以前就曾被编入疑经类，近代也有一些中日学者认为此经可能是刘宋末年（五世纪中叶）于汉地编述。

此经分两卷。上卷为释迦牟尼佛于第四禅天中的摩醯首罗天宫，与无量大梵天王和众菩萨，向卢舍那佛请问菩萨之行因，由是铺陈十发趣心、十长养心、十金刚心及十地共四十法门。下卷述释迦牟尼佛于娑婆世阎浮提的菩提树下，揭示十重戒及四十八轻戒。由于下卷广述菩萨戒，最受传诵。隋代智颛曾撰《菩萨戒义疏》，特别讲习弘扬此经，从此《梵网经》成为汉地传授大乘戒最具权威的典籍，并为大乘各宗所通用；是故下卷独立成篇，别称亦多，例如《菩萨戒经》《菩萨戒本》《菩萨心地戒本》《大乘菩萨戒本》等。

　　梵网经变在敦煌石窟中仅出现三铺，故极为珍稀。莫高窟藏经洞出土的文献中，据统计与梵网经变直接有关的《卢舍那佛说菩萨心地戒品》约有三十件，《卢舍那佛说菩萨十重四十八轻戒》四件，可惜全部流失国外。这批文献反映了唐宋时期大乘戒律仍广泛流传于北方的事实。莫高窟与榆林窟现存五代、北宋时期绘制的三铺梵网经变无疑是古代画师依据当地寺院收藏的上述两种经文版本构思绘制而成的。

　　莫高窟第454窟（北宋）内的梵网经变主要描绘序品的说戒法会。画面顶部为摩醯首罗天宫，布局疏散，以显示天宫辽阔，是天上人间的分界线。下段画卢舍那佛坐莲花台上说戒。两侧重点绘十重戒和四十八轻戒，广泛应用了一佛二菩萨二弟子说戒的构图形式（图一）。

　　画面正中卢舍那佛坐于千叶莲台上，每一枚花瓣上坐一释迦牟尼佛。据经文记载，莲瓣上所坐释迦为卢舍那佛说的"千花上佛是吾化身"，即"千百亿释迦牟尼"。其他神众、帝王、群臣、僧侣、善男、信女，连同禽兽六畜等，都是赴说戒大会谛听受戒的。主尊两侧为立发、虎帽、蛇冠披甲的神王。香案东侧为释迦牟尼树下说戒，五弟子合十听法。下侧为梵王五身合十跪坐，表示梵王帝释和神众来听菩萨戒。后面是比丘及比丘尼听菩萨戒。其上是手持笏板的百官宰相等听菩萨戒。旁边是震旦国皇帝来听菩萨戒。香案西侧下为四天王跪拜听菩萨戒。其后为众王子、比丘及两大臣听菩萨戒。上部为一切禽兽六畜来赴法会。

图一　画面顶部为摩醯首罗天宫，下段画卢舍那佛坐莲花台上说戒。两侧重点绘十重戒和四十八轻戒，都采用一佛二菩萨二弟子授戒图的形式（敦煌研究院张伟文摄）

画师把血淋淋的十重戒安置在并不显眼的东西两下角，体现了画师构思之用心良苦。这十重戒有：一僧人坐在床上，右手持矛挑眼，表示宁可挑其双目而不破戒；又画一僧人坐床上，赤右腿前伸，右手持斧砍斫，表示宁以利斧斩其身而不破戒；再画一僧人坐床上，右手举刀割舌，一男子托盘跪侍，表示宁以百千刃刀割其舌而不破戒（图二）；又画一僧人举刀割鼻，表示宁以百千刃刀割其鼻而不破戒。另外还有以铁锤砸身、用热锥遍刺耳根、以热铁网缠身等画面，都是以这种自残的方式表示不破戒的决心。

有学者研究后认为：五代、北宋时期，在莫高窟、榆林窟出现这种梵网经变，反映了当时教界出现一些"罕习经艺而质状庸陋""破戒、贪利"的现象。石窟中的梵网经变应运而生，以此宣扬持戒的重要性。

图二   一僧人坐床上，右手举刀割舌，一男子托盘跪侍，表示宁以百千刃刀割其
舌而不破戒（敦煌研究院张伟文摄）

阿含经故事画

《阿含经》是印度佛教的原始经典。阿含（梵文和巴利文：āgama），意即"法"或"教"，亦有传授及传承之义。《阿含经》是言行录体裁，记述佛陀及其弟子的修道及弘法活动，还涉及古代印度的社会风俗等内容。经文阐述了佛教的基本教义如四谛、四念处、八正道、十二因缘、十二分教、无常、无我、五蕴、四禅、四证净、轮回、善恶报应等论点。

近现代佛教学者大多认为《阿含经》的原始诵本在第一次结集时（即佛陀入灭后不久）即已诵出，或基本完成。而将经文正式集成的时间，应不晚于佛入灭百年之后在毗舍离举行的第二次结集。汉译的《阿含经》，内容与南传佛教的巴利文尼柯耶经典大致相若。现今流传的《阿含经》，分以下四种：

一、《长阿含经》，今存二十二卷；二、《中阿含经》，今存六十卷；三、《杂阿含经》，今存五十卷；四、《增一阿含经》，今存五十一卷。敦煌壁画的内容，主要源于公元后的大乘佛教经典，反映公元前的原始佛教经典的壁画相对较少。莫高窟第305窟（隋代）西壁和第380窟北壁的说法图是两个例子，均是根据《增一阿含经》佛降伏毒龙的故事绘制而成的。

故事的内容是：有一天，佛陀到了尼连河畔大迦叶的住处。大迦叶当时是位信仰拜火教的外道，非常有学问，举凡天文、地理、数学，无所不知。大迦叶还收了五百个弟子，每天教导他们。离大迦叶住处不远的地方，有座石室，室内住了一条毒龙。佛陀向大迦叶要求在石室借宿。大迦叶说石室内有毒龙，恐怕会伤人，佛陀表示不碍事，大迦叶只好让佛陀住进去。

佛陀在石室内结跏趺坐。半夜，毒龙吐出毒火，欲伤害佛陀。佛陀身上发出佛光（焰光三昧），龙火与佛光，一时并作。佛光最后令毒龙不再起嗔恚之心，继而进入佛陀的钵中，安住下来。佛在降伏毒龙的过程中，显示了他的神通和智慧，这令大迦叶心悦诚服地带领他的五百弟子皈依佛陀。

在莫高窟第305窟西壁龛外南侧，可以见到一佛四菩萨说法图（图一），主尊佛交脚坐，右手托钵，钵内有一条盘起来的小龙（图二），左手屈肘，掌心向下。第380窟北壁说法图中的主尊佛，也是手托一钵，内有一小龙（似蛇形）。两幅经变图均描绘出毒龙缩小为蛇形，盘坐在佛钵中的场景。壁画中亦描绘了毒龙仰头、吐舌的样子，眼目清晰，传神地表

图一　莫高窟305窟西壁中间开了一个佛龛，龛外南侧有一佛四菩萨说法图，图上部是千佛，下部是供养人和图案

图二　莫高窟305窟西壁的说法图中，释迦右手托钵，钵内有一条盘起来的小龙，昂首看着释迦（敦煌研究院吴健摄）

现出经文中"彼恶龙吐舌，舐如来手，熟视如来面"的细节，第380窟的经变图尤为生动。

莫高窟的第257窟（北魏）内，有一幅须摩提女故事的壁画，内容见《增一阿含经·须陀品第三十》。故事讲的是：笃信佛教的须摩提女被父亲嫁到了外道家，她的公公满财长者同意她把佛陀请来相见（图三）。佛陀"遥知其意"，于是翌日和众弟子各显神通，依次从空中飞来相会（图四）。满财长者见此，被佛的神通所折服，一家皈依了佛教。须摩提女的故事，亦见诸三国时代支谦所译的《须摩提女经》。根据敦煌研究院的研究，这幅画源自支谦译本的可能性较大。

图三　第257窟西壁，有莫高窟唯一幅绘须摩提女故事的壁画，以连环画的方式呈现。满财长者让须摩提女把她的师父——佛请来相见，"尔时须摩提女以香油涂身，登高楼头"，遥请佛来（敦煌研究院文物数字化研究所制作）

图四 佛陀"遥知其意",于是翌日和众弟子各显神通,依次从空中飞来相会。佛
陀赴宴的场面,占了大部分的画面,图中能看到干茶伙夫负锅釜飞来,沙弥乘
五百龙华树来(敦煌研究院文物数字化研究所制作)

楞伽经变

　　《楞伽经》，全称《楞伽阿跋多罗宝经》，是印度大乘佛教中期的重要经典之一。全经以哲理思辨为主，介绍了五法、三自性、八识、二无我等中心论点，并详细阐述了大乘中期的一些重要思想，包括三界唯心、唯识、种性、缘起、涅槃、禅定、渐顿等观念。经文提出万物唯自心现量所现，阐释八识的功能及其各种活动。经文又强调如来藏识为一切识的根本，它藏有善恶两类不同的种子，随所受熏习的不同，而引发其善或恶种子活动。人的善恶业，皆以此种子而生发。

　　此经在南朝刘宋时传入中国，对中国佛教产生了颇大的影响。它的唯识思想，反映了大乘佛教向唯识学过渡的桥梁。它的唯心论、禅法、顿渐之法，则成为中国禅宗开宗的基石。据说，禅宗初祖菩提达摩曾将此经授予二祖慧可，希望以此作为印心之法而祖祖传授。其后，更有持此经以修行者，在佛教界称为楞伽师，是为中国禅宗的先驱。

《楞伽经》的梵文原典由一位英国外交官在尼泊尔的首都加德满都偶然发现。1923年，经日本学者南条文雄校订的梵文本行世。1932年，另一位日本学者铃木大拙依南条文雄版出版了英译本。《楞伽经》在中国有三种汉文译本，即南朝刘宋求那跋陀罗所译的四卷本、北魏菩提流支所译的十卷本和唐代实叉难陀所译的七卷本。铃木大拙认为，四卷本最古，七卷本和十卷本则是后来增补而成的。许多当代学者亦认为四卷本较忠于原经，故而后世注释本也较多，影响较大，流行亦较广。唐宋时，在敦煌地区较流行的则是七卷本，经文辅以一些形象的譬喻，更方便入画。

楞伽经变在敦煌莫高窟始见于中唐，终于宋代，共存十二铺；最详尽的描绘见诸晚唐的第85窟及第9窟，五代的第61窟的壁画也保存良好；一般分为序品、说法图和譬喻画三部分。

第85窟的楞伽经变绘于窟顶东披。序品讲楞伽城主罗婆那王下山请佛去说法，佛即在摩罗耶山顶（今斯里兰卡境内）楞伽城说法（图一）。经变正中是巨大草原上的摩罗耶山，山的形状独特奇妙，两头大，中间小，状如细腰鼓，这亦是楞伽经变的一大特征。说法图只有一佛二菩萨和八个听法者，没有乐舞场面。

楞伽经变的另一特色是，根据七卷本的经文绘制的一些譬喻画有浓郁的生活气息，以下仅举数例：一、肉铺：屠夫正在案上砍骨切肉，案下有只待食残骨的狗，肉铺内还挂满

图一   第85窟的楞伽经变绘于窟顶东披。佛在摩罗耶山顶楞伽城说法。经变图正中是巨大草原上的摩罗耶山，山的形状独特奇妙，两头大，中间小，状如细腰鼓，这亦是楞伽经变的一大特征（敦煌研究院孙志军摄）

图二　屠夫正在案上砍骨切肉，案下有只待食残骨的狗，肉铺内还挂满了新宰的羊肉。画的本意是劝诫善男信女勿杀生食肉，画面则呈现了当时的生活情况（敦煌研究院孙志军摄）

了新宰的羊肉（图二）。二、尸毗王本生故事：宣扬尸毗王自我牺牲的精神，劝诫信众不要杀生食肉。三、照镜图：通过男子照镜这一生活细节，来譬喻佛教有关顿悟的说法（图三）。本窟的楞伽经变图还有制陶、杂技、打猎、晾衣等譬喻画，不啻为一千年前的社会风情画卷，颇引人入胜。莫高窟第9窟（晚唐）西壁及顶部亦绘了楞伽经变的譬喻画，均为极富生活气息的民情风俗画：一、青蛇逐人图：譬喻有人把草绳误认为毒蛇而惊慌失措，狼狈奔逃，反映人们对客观世界的一些错误判断。二、良医授药图：以良医授药治病比喻

图三　墨书榜题"譬如明镜，顿现色像"，通过男子照镜这一生活细节，来譬喻佛教有关顿悟的说法（敦煌研究院孙志军摄）

佛为众生说法，让众生离苦得乐。三、狩猎图：表现经文中"夫肉食者，被夜叉、恶鬼夺其精气"的内容。

敦煌密教图像（一）：汉密源流

　　佛教兴起之前，印度的主要宗教是婆罗门教，以《吠陀经》为主要经典，崇拜三大主神（梵天、毗湿奴、湿婆），主张善恶有报、人生轮回，轮回的形态取决于现世的行为。

　　《吠陀经》中有不少对神的赞歌、祭词、祈祷咒语等，亦称为真言。信众相信持诵这些真言可以得到神灵的护佑，达到消灾招福的目的。换言之，在《吠陀经》中已经有了息灾法、咒诅法、开运法等真言密法，这些真言密法逐渐成为印度民间信仰而流行起来。佛教在印度兴起之初，是禁止传播和施行世俗的咒术密法的。随着时代的变迁，这些民间信仰对佛教也逐渐产生了一些影响，原因有三：一、真言信仰当时在印度社会已相当普遍；二、随着佛教教团的不断扩大，奉持咒术密法的婆罗门教徒大量转入佛教；三、为了弘传佛法和普度众生的摄化方便，佛教逐渐融会吸收了一些民间真言信仰。

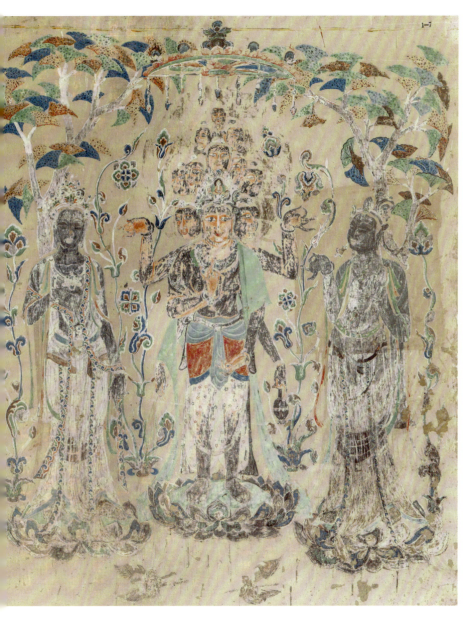

1—7

一　莫高窟321窟东壁，门旁有初唐绘制的十一面观音，面相慈祥，没有头光和背光，
宝冠，六臂，身材修长，立于莲花上，背后双树长五色银杏叶，枝叶相交，与观音的华
勾成一个更大的伞盖

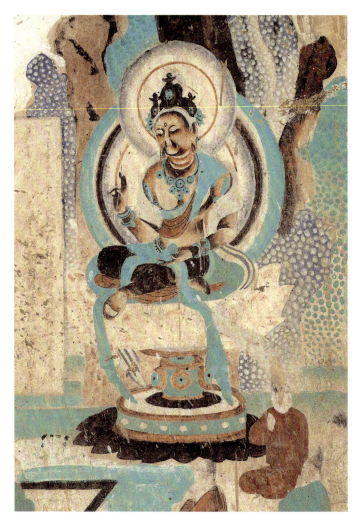

图二　莫高窟盛唐时期的洞窟中，有密教形象和题材的有二十八个，而第148窟被视为典型的盛唐密教洞窟，因此窟集中了三种密教经变，也有敦煌地区首次出现的完整的密教龛。南壁的如意轮观音龛是《如意轮陀罗尼经》的图解，龛内塑像已不存，现存屏风画八扇，此图为其中一扇的局部，表现《如意轮陀罗尼经·破业障第二品》的内容，观自在菩萨坐在莲花座上说法（敦煌研究院吴健摄）

　　在佛教中的密教信仰的起源和萌芽时期，原始佛教的经典中就不乏原样照搬或略加改动的民间持诵的吠陀赞歌和咒语，以之作为佛教的真言咒语，帮助信徒摄神定心或消灾除障。到了五、六世纪，又产生了与真言咒语相关的印契和曼荼罗；再过了大约一个世纪，正式形成印度大乘佛教的密宗。

　　密宗，亦称密教，又名"真言乘""金刚乘"等。密教相信其教义是法身佛大日如来（或称毗卢遮那佛）传授的深奥秘密教旨，为"真实言教"，并将其他佛教派别的教义视为释迦牟尼佛公开宣讲的佛法教义，称为"显教"。密教认为宇宙一切皆为大日如来所显示。在修行过程中，密教讲究"身、口、意"三密为用，即手结印契、口诵真言咒语、内心观想。如果三密能够与诸佛的身、口、意相应，便会"三业清净，即身成佛"。

　　密教在敦煌留下了不少的遗迹，包括图像和文献。在敦煌藏经洞（莫高窟第17窟）发现的《大方第陀罗尼经》《杂咒经》《诸尊陀罗尼经》等密教经典表明，这些源自印度，以祈愿、隆福、驱邪、除害为宗旨的杂咒，在隋代以前就在敦煌地区传播。初唐以后，大量密典被汉译。整个唐代及五代、宋初，密教经典不仅越来越多，而且不少密教经典还把显教经典中的佛菩萨及神祇移植到密教经典中，令密教神祇的地位越来越高，诵持密典、供奉密教神祇所获得的功德也越来越大。再加上深受唐朝皇帝推崇的密教大师不空曾于天宝年间（753—754）到河西弘法、译经，更促成了敦煌地区密教

图三 如意轮观音龛顶部中央的壁画大部分已脱落，仅存一小部分，其中有这幅
完好的六臂飞天。飞天两手拨弄琵琶，一手持横笛于口边吹奏，一手摇铎铃，后两
手高举头上击铙，加上有动感的飘带和祥云，极富音乐韵味（敦煌研究院吴健摄）

的进一步发展。这一时期的密教，学术界一般称为"汉密"，即汉地所传的密教；也有人称唐代的汉密为"唐密"，传到日本后称为"东密"。

敦煌莫高窟、安西榆林窟现存的汉密图像不少。按敦煌研究院彭金章教授的初步统计，有十一面观音四十一幅（其中壁画三十二幅，藏经洞所出绢画九幅），千手千眼观音七十一幅（其中壁画五十七幅，藏经洞所出绢、麻、纸画十四幅），不空羂索（三面四臂）观音八十幅（其中壁画七十五幅，藏经洞所出绢画五幅），如意轮观音八十幅（其中壁画七十二幅，藏经洞所出绢画八幅），千手千钵文殊十八幅（其中壁画十七幅，藏经洞所出绢画一幅）。此外还有孔雀明王、马头观音、水月观音、密严经变、佛顶尊胜陀罗尼经变、四臂观音、六臂观音、八臂观音、金刚杵观音、金刚剑菩萨等，种类繁多，十分丰富。

敦煌密教图像（二）：汉密壁画

　　印度佛教的密教信仰，于发展的早期已传入中国。据隋代费长房编撰的《历代三宝记》所载，早在东汉魏晋时期，《陀罗尼经》《大总持神咒经》等多种杂密（即早期密教）的经咒已在中国有了传译。到了东晋，又有《孔雀明王经》分别译于建康（今南京）和长安（今西安）。此后诸神咒、陀罗尼（即咒语）的汉译不绝于南北。随着杂密经咒在中国的传播，杂密图像也在汉地出现了。就全国而言，保存至今、年代最早的杂密形象是山西大同云冈石窟第七、八窟造于北魏孝文帝时期（471—499）的护法神摩醯首罗天、鸠摩罗天。而在敦煌莫高窟则以西魏大统四年（538）以前开凿的第285窟西壁中龛两侧绘制的鸠摩罗天、摩醯首罗天、毗那耶迦天、那罗延天等多头多臂的杂密护法诸神为最早（图一）。西魏时期的洞窟有十余座，但杂密图像不多，说

图一　最早出现在莫高窟的杂密图像，见于西魏大统四年（538）以前开凿的第285窟，该窟西壁中龛两侧绘制了鸠摩罗天、摩醯首罗天、毗那耶迦天、那罗延天等多头多臂的杂密护法诸神

明密教信仰当时仍未太流行。

隋至初唐时期（公元七世纪），印度佛教进入了密教的高峰期。这个时期来华的僧人如阇那崛多、达摩笈多等都译出密典，中国高僧如玄奘、义净等也积极将密典译成汉文。其中影响较大的有《佛顶尊胜陀罗尼经》《大乘密严经》、由玄奘于656年重新汉译的《十一面神咒心经》和659年重译的《不空羂索神咒心经》、义净于693年重译的《不空羂索咒心经》和709年译的《千手千眼观世音菩萨姥陀罗尼身经》、《如意轮陀罗尼经》的新译三十卷本《不空羂索神变真言经》等。随着更多密教经典的汉译和传播，密教图像也逐渐多起来了。就敦煌石窟而言，隋代的莫高窟第305窟，初唐的莫高窟第340、334、321、331窟，榆林窟第23窟的十一面观音和第341窟的八臂观音，均属密教图像。

盛唐时期，"开元三大士"善无畏、金刚智、不空相继东来。三位密教大师先后译出多部密教经典及仪轨，其中有《大日经》《金刚顶经》及大量念诵仪轨，对密教修持与传播起了重要作用。不空曾于天宝十二至十三载（753—754）赴河西弘密，也带动了敦煌地区密教的发展。这个时期敦煌石窟中密教图像的数量和种类都显著增加，绘制于洞窟的位置也越来越显要。除十一面观音、八臂观音继续流行外，新出现了千手千眼观音、如意轮观音、不空羂索观音、孔雀明王、四臂观音和三头六臂观音等。

中唐时期，即吐蕃占领敦煌时期（786—848），除上述

图二　千手千钵文殊经变图位于莫高窟第361窟东壁门南。中唐时期，又新出现了
千手千钵文殊经变，与千手千眼观音经变成组合形式，各居左右，对称出现。主
尊文殊菩萨千手托钵，组成五个圆环，部份钵中现释迦佛（敦煌研究院吴健摄）

密教图像之外，又新出现了千手千钵文殊（图二）、金刚杵观音、东方不动佛、宝幢香菩萨、交杵等图像，其种类和数目超过盛唐时期。莫高窟的第7、361、370窟主室顶心绘制了交杵，第231及238窟甬道顶绘制了千手千眼观音和四臂观音，反映了密教地位的进一步提高。

晚唐时期，又新出现了密严经变、金刚三昧菩萨、八臂宝幢菩萨、三面四臂菩萨等汉密图像，种类和数量均超过中唐时期。在洞窟主室的顶心不仅继续绘制交杵（莫高窟第14、30、140窟），而且在第10窟和第161窟主室顶心还分别绘制了十一面观音经变和千手千眼观音经变。这是前所未见的。第156窟的西壁龛顶和第14窟的主壁亦是密教壁画。这反映了晚唐是敦煌密教最繁盛的时期。

敦煌密教图像（三）：藏密壁画

　　敦煌地区的密教源于印度，于魏晋期间初传，至晚唐达高峰期。到了西夏时期（1038—1227），汉密图像逐渐减少，藏传佛教的影响则越来越明显。

　　西夏王室信奉佛教，初期主要是接受中原的佛教，到了西夏中晚期则对吐蕃流行的藏传佛教（即藏密）采取兼收并蓄的态度。西藏佛教噶玛噶举派的藏索哇和萨迦派的回巴瓦国师觉本，于仁孝皇帝在位时（1140—1193）先后来到西夏传授藏传佛教的经义和仪轨，很受宠信，被西夏王尊为上师，促使藏密在西夏全境迅速传播。藏密在西夏中晚期传播至瓜、沙二州后，逐渐取代了汉密的影响，至蒙元时期（1227—1386）更如是。

　　敦煌石窟现存的西夏时期藏传密教图像，如安西东千佛洞第5窟东壁门北侧壁画，颇具早期藏式密像的特点。特别是壁画中部南侧的佛塔，与萨迦时期流行的噶当觉顿式佛塔较

图一　莫高窟第465窟后室呈方形，覆斗顶正中及四披画五方佛及其眷属，
中心是大日如来

为相似。榆林窟第3窟、第29窟等西夏晚期洞窟也出现了上宽下窄、肉髻高尖的藏式佛像。

　　元代的藏密图像在敦煌莫高窟第462、463、465窟及安西榆林窟第4窟均有分布，其中尤以莫高窟第465窟最为典型。据北京大学考古系教授宿白先生研究，该窟的开凿时间是十三世纪晚期，其色彩、画风完全是藏画传统，故推测画师可能来自西藏。该窟前室南壁东侧有朱书题记"……昌府口塔寺僧人……速吉祥秦州僧……吉祥山丹口……于元统三年……八日到此秘密寺……记耳"，因此知此窟元时称秘密寺。该窟有前后室，平面均呈方形，皆覆斗顶。前室西壁和南北壁各绘一噶当觉顿式佛塔。后室正中建四阶圆坛，但坛上图像已无存。坛上方覆斗顶正中及四披画五方佛及其眷属（图一）。后室东壁门北侧绘制的主尊为大黑天（又名摩诃迦罗），本为婆罗门教湿婆（即大自在天）的化身，后被佛教吸纳为护法神，亦是财神和专治疾病的医神（图二）。门南侧有三尊主像，其中下左侧为大功德天（又名摩诃室利），即吉祥天女，本为婆罗门教、印度教所信奉之神，后被佛教吸纳为护法神。后室北壁有三铺像，中铺主像为双身，左侧主像为单身。中铺男身可能是喜金刚（萨迦派最重要的本尊），女身则为喜金刚明妃金刚无我母。西壁有三铺像，中铺主像双身，两侧主像为单身。中铺男身可能是上乐金刚（又名胜乐金刚，是藏传佛教无上瑜伽部的本尊），女身则为上乐金刚明妃金刚亥母。南壁三铺主像皆双身像，从其特征分析，东侧可能是

大幻金刚（藏传佛教噶举派本尊）及其明妃。细看本
窟壁画分布之格局，可见画面皆用竹笔作遒劲的细线
描绘，手心足掌皆施红色，这些都是十三世纪至十五
世纪藏画的特色；喜用蓝白冷色，亦是藏画所常见。
噶当觉顿式佛塔也是十三、十四世纪藏地流行的塔式。
莫高窟能出现如此典型的早期藏式密画，亦多少反映
了自元世祖以来，既尊萨迦派领袖人物为帝师，又重
视噶举派的宗教传统。

图二　后室东壁门北侧绘制的主尊为大黑天（又名摩诃迦
罗），本为婆罗门教湿婆（即大自在天）的化身，后被佛教吸
纳为护法神，亦是财神和专治疾病的医神

敦煌密教图像（四）：佛顶尊胜陀罗尼经变

　　《佛顶尊胜陀罗尼经》是佛教密宗的一部经典，主要内容是佛陀为善住天子宣说消灾延寿之法，特别显示念诵"尊胜陀罗尼咒"之灵验。传说在佛陀时代，一位在天界的善住天子，有一天突然听到一个声音，告诉他福报即将享尽，七日后将死亡，并且会先转生畜生道，而后堕落地狱道，受种种苦刑，之后再投胎在卑贱的人家，如此接连转生受恶报。善住天子听后非常惊恐，赶忙去向帝释天求救，帝释天入定观察确认后，再向释迦牟尼佛求救。佛陀知道后，便传下了"尊胜陀罗尼咒"。善住天子依佛陀的指示，连续持诵六日六夜后，终于净除了过去世所造的种种罪业，增福增寿，并得到释迦牟尼佛的摩顶授记。

　　在唐代，尊胜陀罗尼咒（简称"尊胜咒"）是佛教徒间最流行的咒语。公元776年，唐代宗更下达诏书，命令全国僧尼每日须持诵尊胜咒二十一遍，并于每年的正月初一向皇帝汇

图一　莫高窟第61窟（五代）西壁是著名的《五台山图》。图中可见罽宾国僧人佛陀波利与白衣老人，这是记载于《广清凉传》和《佛顶尊胜陀罗尼经序》的故事。榜题由左至右竖行书写："弗陁波利从罽宾国来寻台峰/遂见文殊卅卅（菩萨）化老人身路问其由"

报去年全国僧尼持诵的总数。公元860年，日本的清和天皇也下了相同的诏令，可见尊胜咒当时受重视的程度。

《佛顶尊胜陀罗尼经》是由罽宾国（今克什米尔地区）的僧人佛陀波利于公元682年带到长安的（图一）。当时唐朝的法律规定，必须得到皇帝的批准才可将梵文佛经翻译成中文，唐高宗得到梵文本《佛顶尊胜陀罗尼经》后，立刻交予日照三藏法师等人翻译，并一度想将经本留在宫中供奉，不得外传。经佛陀波利百般请求，唐高宗才不情愿地将梵文本经归还。佛陀波利之后与顺贞法师于五台山附近的西明寺共同翻译，使尊胜咒流传于中土。

敦煌莫高窟现今遗留的佛顶尊胜陀罗尼经变图有两铺，分别在第55窟及第454窟，均为北宋洞窟，内容正是根据上述经文绘制的。

第55窟的佛顶尊胜陀罗尼经变绘于北壁西侧（图二）。画面正中绘大海，海中有须弥山。山顶有一座天宫，天宫外彩云飘拂，云上有屋，代表三十三天的

图二　莫高窟第55窟北壁的佛顶尊胜陀罗尼经变图。若不是榜题写了"佛顶尊胜陀罗尼经"，只看构图及内容，与一般显教的说法图相似。此经在五代、宋时开始作为密教经变的新题材，在敦煌石窟中出现

宫殿。这是描绘三十三天与善住法会，善住天子与彩女欢喜游戏的场景。一朵彩云从围墙正面门中向画面右侧飞下，云头上有三人，即帝释天下天宫去释迦之居所。在经变画两侧有条幅画，表现的是受持佛顶尊胜陀罗尼的功德。

第454窟的经变图也有规模宏大的宫殿建筑。宫殿建于宝池上，池中有莲花。宫殿由主殿、侧殿、虹桥、平台等组成，结构复杂，气势雄伟，类似阿弥陀、观无量寿、药师、弥勒等经变中的建筑，估计是受到上述各种较早期的经变图影响，而不是创新。

近年，有日本学者下野玲子根据自己对敦煌法华经变图的考察，认为唐代的第23、31、103及217窟的法华经变，其内容有可能是佛顶尊胜陀罗尼经变。法国远东学院的学者郭丽英等亦认为第156窟（晚唐）的法华经变可能是佛顶尊胜陀罗尼经变，因为画中一楼房内有一俗装男子在读经，可能是《尊胜经》中所说的"佛告天帝：若人能书写此陀罗尼，安高幢上，或安高山，或安楼上……"。这些推论仍有待进一步的研究才能定案。

敦煌那些年、那些人、那些事

　　敦煌莫高窟这座跨越千年的佛教艺术宝库能够保存至今，实在是一个奇迹。她既是东西文化交流的结晶，又是连续千年的中华艺术的原址博物馆，更是中国中古历史文化研究的资料宝库。今天，她展示了无比的风姿和魅力，备受世人的赞叹，但你可曾想过，五六十年前的她，是多么地形容憔悴！幸好还有一些人，一些被敦煌召唤的年轻人，不晓得是命运冥冥中的安排，还是被艺术魅力所感召，千辛万苦地奔赴西北这偏远、荒芜的三危山畔。他们在莫高窟相遇，在这片荒漠里坚守一生。他们的努力，使莫高窟的千年艺术得以重现光彩，千年寿命得以延续。

　　那些年，那些人，他们的生命与莫高窟交织着，编成一部悲壮的乐章。他们已垂垂老去，有些更已离我们而去，但我们仍能从一些旧照片中，看到他们当年风华正茂，为保护这石窟宝库而甘愿奉献青春。他们的精神同样感召着下一代。

　　很可惜，由于时空的交错，我无缘在他们身边学习，但也曾经有机会访问过其中一些人。本篇将通过当事人的著作或作者的访问，呈现那些年、那些人、那些事的点点滴滴……

往敦煌路上

今天，我们从西安、北京、兰州等地到敦煌，坐飞机只需约三小时。但在数十年前，一群热衷中华艺术的热血青年，往敦煌之路却是千辛万苦的。他们多只能乘破旧卡车、货车，骑自行车，有些路段甚至只能步行。他们一站接一站，经过一年半载甚至更长的时间，才能走到梦寐以求，同时也是"平沙万里绝人烟"之地。且看看以下各位的描述：

> 1943年2月20日清晨，我们……一行六人，像中世纪的苦行僧一样，……顶着高原早春的刺骨寒风，乘着一辆破旧的敞篷卡车……从兰州到敦煌……一共走了一个来月。……汽车在寒冷的夜间行驶，戈壁滩上的风沙夹着冰冷的雪花，刀割一样地抽打着车上的人。
>
> ——常书鸿[1]

1908年的莫高窟（法国探险家伯希和摄）

莫高窟第256窟以北，洞窟加固前的外观（1957年10月7日）

　　从四川到敦煌去，可不是件容易事，我却贸然挈带家小……第一步到了广元，住了半个月，才找到不花钱的油罐车。到了兰州……投靠朋友，找份工作住了下来。（无法继续前往）主要是没有钱……我又失业了，只好借债卖画度日。而去敦煌的念头却愈加强烈，简直像一条蛇咬着不放。

——潘絜兹[2]

　　（和李浴）冒着风雪去了一次安西万佛峡（榆林窟），牛车在沙漠里过夜，大雪埋了我们半截身子。

——潘絜兹[3]

1907年的莫高窟（英国探险家斯坦因摄）

初到莫高窟

第一眼看到的千佛洞，竟然是一片破败荒凉的景象，一排排洞窟，有的已经坍塌，有的已被沙埋，正像一个美丽的少女，粗头乱发，衣不蔽体，受尽欺凌，被遗弃在这荒漠沙丘中。

——潘絜兹[4]

流沙簌簌在危崖上飘流，像瀑布一样，……下层洞窟多半被沙淹埋，危岩残壁上栈道早毁，上层洞窟大部分要从清末王道士雇人毁壁凿成的洞穴穿过。奇异的是尽管这些破洞残壁如此褴褛，其中的壁画与彩塑却处处神采奕奕，放射着诱人的艺术魅力。

——史苇湘[5]

莫高窟第289窟，洞窟加固前的外观（1964年8月31日）

洞窟加固前的外观

莫高窟第263窟，洞窟加固前的出入情况

莫高窟洞窟加固施工情况（1964年4月4日）

蜈蚣梯

敦煌艺术研究所建立之初，连上洞窟工作都非常困难的，下层洞窟被沙封堵，上层洞窟之间没有通道，一切都得从零开始。

——孙儒僩[6]

榆林窟比莫高窟还荒凉，当年的托管员郭元亨称榆林窟是一个"除了吃饭不张嘴"的地方，是人迹罕至的遗址。

——李其琼[7]

……当时有些高层洞子攀登不易，……借助于一根很长的独木梯（俗称蜈蚣梯），险些失足摔下。

——李 浴[8]

与莫高窟艺术的邂逅

真是百闻不如一见！对这个伟大的艺术宝库，我过
去一点支离破碎的了解，简直太肤浅、太可怜了。……
在这个伟大的民族艺术宝库面前，我感到深深内疚的是，
自己在漂洋过海，旅居欧洲时期，只认为希腊、罗马和
欧洲文艺复兴时期的艺术是世界文艺发展的高峰，而对
祖国伟大灿烂的古代艺术却一无所知。今天，面对祖先
遗留下来的稀世珍宝，才如梦初醒，追悔莫及。

——常书鸿[9]

第一次进入石窟时，我被这些古老瑰丽的壁画和
彩塑惊吓得发呆了。假若说人间确曾有过什么"威慑力
量"，在我充满三灾八难的一生中，还没有一次可以与初
见莫高窟时，心灵上受到的震撼与冲击相比拟。……我
是处在一种持续的兴奋之中，既忘却了远别家乡的离愁，

作者访谈李永宁，2011年8月27日于兰州（高敏仪摄）

作者访谈施萍婷，2011年8月28日于兰州（高敏仪摄）

也没有被天天上洞窟的奔波所苦，仿佛每天都在享用无尽丰美的绮筵盛宴。……每一个洞多像我小时候玩过的万花筒，决不重复地变换着场景……如饥似渴地参观，仿佛着了魔，甚至那些破墙残壁上的一两块颜色、三五条线描，都会使我一顾三盼，留连忘返。

——史苇湘[10]

我真好像一头饿牛闯进了菜园子，精神上饱餐了一顿。接连几天我都在洞窟中度过，有时甚至忘记了吃饭。

——段文杰[11]

一进洞窟就像进入了极乐世界，神游物外。……精神就来了，什么都忘记了，里边有看不完的东西，什么都想看，都想要……一画入眼里，万事离心中。每一次都有新发现，心情特别愉快，不觉苦。

——关友惠[12]

一进洞窟，情不自禁。

——施萍婷[13]

永远看不完，乐在其中，乐此不疲。

——李永宁[14]

他们的生活

　　小屋里是土炕、土桌、土壁橱、土书架，除了一个可以挪动的木凳，所有家具全是用土坯垒起来的，……光洁平滑，不潮，不塌，非常适用。……事务员老范（范华）给我送来一盏铜质煤油灯，向我说这排房子是原寺院的马房（马厩），是每年庙会群众拴牲口的地方。三年前（1945年）才改造成职工宿舍。

——史苇湘[15]

　　为了解决第一批艺术家职工的住宿问题，爸爸决定把中寺后院的一排马厩改造为一排每间约十二平方米的小房间，分给每户一间，还用土坯砌出了土炕、土桌、土沙发。

——常沙娜（常书鸿女儿）[16]

樊锦诗旧居内貌　（高敏仪摄）

早期职工宿舍，由马厩改造的土房子，沿用至二十世纪九十年代末
（高敏仪摄）

喝的是苦水（咸水），初来乍到，往往肠鸣水泻。
……半年后肚子才正常。如有首长到敦煌参观，得从敦
煌城拉水。冬天，我们在宕泉河上凿冰冲冲，才喝上一
阵子甜水。

——施萍婷[17]

一日两餐白水煮面条和清汤白菜、萝卜，维持着生
命的最低要求。但是在精神上都非常富有，上洞下洞，
孜孜不倦，天天如此，毫无怠意。

——史苇湘[18]

吃的是粗茶淡饭，……想改善生活，只好去掏麻雀，
打鸽子。

——潘絜兹[19]

敦煌处在大沙漠里，蔬菜奇缺，爸爸又搞来菜籽，
亲自带领大家开地种菜。

——常沙娜[20]

这里过的基本是集体生活，我们不用在自己家做饭
了，研究所统一伙食，大家一起在公共食堂吃饭。

——常沙娜[21]

于莫高窟前宕泉河破冰取水（1955年1月）

自种粮食，自给自足（1954年10月9日）

集体割麦（1964年7月24日）

在敦煌，盐叫盐巴，醋是必须吃的，因为当地的水碱性大得很，喝水的玻璃杯上满是白印，凝固的都是水中的碱。

——常沙娜[22]

1959年夏天，我和史苇湘等三人和一做饭的工友巩金到榆林做临摹工作。当时的粮食是有定量分配的，每人一斤，其实是不足够的，所以工友常常要挖野菜，那野菜称灰条，味涩，不宜人吃，一般用来喂猪的。在用膳时，巩金往往吃到中途就不吃了，我们当时不明白，后来才知道，其实他没吃饱，但宁愿自己少吃，也要让这些年轻人吃得饱一点，因为他们的工作很重要。……所以，没有工人们的支持就不能成就敦煌事业。

——关友惠[23]

巩金不识字，在莫高窟做保卫工作，许多树是他种的。晚上浇水，浇到哪睡到哪。

——关友惠[24]

当下要办农场种地，他（巩金）自然是行家，他成为组织者、带头人，也是最主要的劳动力。耕、播、收、打均需他亲力去做。他的话不多……做活总是先别人早到工地，下班最后一人离开。……从不释闲。在他的带领下，……职工膳食得到很好的改善。

——关友惠[25]

那时（五十年代），从莫高窟到敦煌市买东西，马车要走半天，第二天采购，第三天回来。……粮食不够，有时挖野菇，采集草籽，或到宕泉河挖锁阳，拌面条来吃。

——巩　金[26]

保卫工作是晚上进行的。一班十人，拿手枪。到南北区1.7公里巡视，走一趟要一小时。一有空我就到每一洞窟做检查。

——巩　金[27]

作者访谈巩金，2011年8月31日于敦煌（高敏仪摄）

巩金，1925年生，六十岁退休后被返聘十多年。他很希望留在敦煌，直至眼睛不好，视力不足，才真正退下来，2013年6月去世。另一老工友（事务员）范华（1925年生）也对莫高窟忠心耿耿，矢志不渝。他是敦煌人，曾居酒泉，念过高小，1944年因逃兵役到了莫高窟，当时叫国立敦煌艺术研究所（国民党不会到研究所抓兵的）。他在莫高窟六十年，主要是当杂务工人。退休后也不愿意离开千佛洞，还在那儿留了二十年。

退休后，我仍天天上洞窟。我是因看到常老对千佛洞的热诚奉献而感动的。以前有人请我去农村当老师，或做更好的工作，我都不去。常老的名言是：千佛洞一定要好好保护。十七洞的珍藏许多已给别人拿去了，千佛洞更不能丢掉。

——范　华[28]

（抗战胜利前一个多月）国民政府教育部刚刚发布命令，撤销敦煌艺术研究所，而且停发经费。

——常沙娜[29]

常书鸿到城里借钱买米，让大家喝上稀粥苦度光阴，然后跑到陪都重庆去奔走呼号，终于使中央研究院把敦煌艺术研究所接受下来，算是又找到了个后娘，养活了我们这些沙漠孤儿。

——潘絜兹[30]

作者访谈范华，2011年8月31日于敦煌（高敏仪摄）

常老去重庆时，是变卖家当（好的衣服、毯子、西装等）来筹备路费的。临行时，他嘱咐我和窦占彪（所里的木工泥匠）一定要好好保护千佛洞，并说他一定会回来的。那一刻他哭了。这是我第一次见到他流泪。

——范　华[31]

听不到新闻广播，看兰州报纸要隔十多天。电影和戏剧更和我们绝缘，完全处在与世隔绝的情况。

——潘絜兹[32]

当时到莫高窟的人非常少，有人到来就是新闻，有汽车来更是大新闻。

——关友惠[33]

地势关系，连收音机也收不到，没有电话，直到（二十世纪）七十年代才有。以前即使有，也无法正常运作。

——关友惠[34]

邮政方面，从敦煌城到莫高窟是一周一次。（二十世纪）七十年代前是骑毛驴送邮件的。

——关友惠[35]

人人对洞窟都很熟悉，每个人都可成为讲解员。

——关友惠[36]

我们在千佛洞消息闭塞，日本投降后十多天，才从参观者口中得知这个喜讯。我们奔走相告，欣喜若狂。

——潘絜兹[37]

1972年自己发电，但发电机常有故障，换零件一搁几个月，……虽说有电，但有名无实的。

——李云鹤[38]

说到电灯吧，是到了1981年才畅通的。

——樊锦诗[39]

敦煌缺水，不能洗澡，只能擦澡，一盆水擦脸、擦身、洗脚，还舍不得倒掉，得派作其他用场。

——常沙娜[40]

很少洗衣服，十天半月才洗一次。

——李云鹤[41]

冬天很冷，睡醒时，有时眉毛、头发都结了冰霜。最低温度为零下24至零下25摄氏度。

——李云鹤[42]

常老直到文革前还是冷水浴。每天七时一定做早操，

作者访谈李云鹤，2014年4月28日于敦煌（杨秀清摄）

锻炼身体，数年如是。

——关友惠[43]

　　也有人吃不了苦而离去，但那是很少数。留下来的真的有感情。

——李云鹤[44]

　　这里交通不方便，人们许多时候是走路进敦煌城，如穿过鸣沙山走捷径，要三十里，约四小时，走大路五十里，走六到七小时。

——段兼善（段文杰儿子）[45]

作者访谈段兼善，2011年8月27日于兰州（高敏仪摄）

　　一九六五年，莫高窟迎来了第一辆轿车。为了记住昔日步行进城的小路，也为了纪念结束徒步的历史，常书鸿先生带领我们沿鸣沙山东麓的小路作最后一次走路进城，然后坐着新车回莫高窟。

——施萍婷[46]

　　研究所的工作号令是敲钟，每天大家听见钟声就都进洞了，临摹的临摹，调研的调研，各忙各的。

——常沙娜[47]

　　当时是上午八时敲钟进洞，十二时打钟午饭。我们从不提早离开，即使打钟吃饭仍不愿离开。早上不到八时已在洞窟开工了。

——关友惠[48]

　　人们常常能听到临摹工作者、保护工作者从窟内传出川剧、秦腔、民歌、小调。他们面对佛、菩萨，有时竟那样忘情。

——施萍婷[49]

　　每年春节我们还上映节目，不过表演者比台下观众更多。

——关友惠[50]

常书鸿带领职工在莫高窟前做早操（1959年5月31日）

敦煌文物研究所职工列队徒步进
城，右起第一人为樊锦诗（1965
年9月30日）

我们组织合唱团，还到城里比赛，都把奖拿走了。

——李永宁[51]

"文化大革命"期间，莫高窟也分成两派，奇怪的是两派的共同目的是，不离开莫高窟，好好保护她。

——关友惠[52]

更奇怪者，北京大学来的红卫兵，到莫高窟一看，也给我们吩咐：你们一定要保护好莫高窟！

——施萍婷[53]

在敦煌工作的人员，生活虽艰苦，但他们均不觉得苦。然而，他们都是有家庭的人。

在子女上学和教育问题上，留给他们永远的伤痛。

——金长明[54]

我至今对这个家怀有深深的歉疚，尤其是对孩子。

——樊锦诗[55]

1963年从北京大学历史系毕业后，樊锦诗被分配到敦煌工作。1967年与大学同学彭金章结了婚。彭金章在武汉大学历史系任教，1976年创办武大考古专业，他主讲夏商周考古学。两人分居两地，后来有了孩子。

　　（由于在敦煌很难找保姆）只好让丈夫把孩子带走。后来有了第二个孩子，又不得不把小儿子寄养在上海的姐姐家。就这样，一家人分居在敦煌、武汉、上海三地。

　　　　　　　　　　　　　　　　　　　　——樊锦诗[56]

　　晚上我从所里回家，看到职工宿舍一家一户的窗口都亮着灯光，每一家都团团围坐着。……我真美慕，苦涩的泪水直往心底里流……我们家四个人……相隔千里，天各一方。

　　　　　　　　　　　　　　　　　　　　——樊锦诗[57]

　　我爱儿子，也需要儿子爱；我爱丈夫，也需要丈夫爱我。……我一个人在敦煌，那么多人为我作了牺牲。我是一个不称职的妻子，也是一个不合格的母亲。

　　　　　　　　　　　　　　　　　　　　——樊锦诗[58]

以下摘自1983年丈夫彭金章、大儿子予民及姐姐写给樊锦诗的书信。

锦诗：

　　为配合一项基建工程，文化部文物局要我们派人参

加考古发掘，……由我带几名学生去突击。本月中旬就
动身，时间大约半年。对此，予民很有意见……今年下
半年，是他初中毕业前的关键时刻，我们都不在，对孩
子确实有影响……予民看到别人一家一户搬进了家属区，
对你不调来很有意见，说："妈妈还不调来，要是来了，
我们也有房子。"他还担心明年初中念完时不准毕业，不
准升学，因为他的户口不在武汉。

——金章　1983年7月1日[59]

1965年的樊锦诗和彭金章

妈妈:

　　我们学校考完试放暑假了。我这次考得不好,英语开了红灯,我很惭愧,也很着急。原想利用暑假好好补习一下,可爸爸又要带学生出去考古,这一走又是半年。妈妈,您哪时候才能调来?您明年一定调回来吧!妈妈,我想您啊……

　　　　　　　　　　　　——予民　1983年7月4日[60]

锦诗妹妹:

　　你究竟准备什么时候调回武汉?你们一家什么时候才能团圆?你那个宝贝儿子(指寄住在上海姐姐家的小儿子晓民)越大越调皮,三日两头闯穷祸,谁也管不了。他老不在父母身边,总是个问题。

　　　　　　　　　　　　——姐姐　1983年7月15日[61]

　　你知道吗?孩子不见了,原来他跑去火车站,说要乘火车去找妈妈!

　　　　　　　　　　　　——樊锦诗[62]

　　面对家庭、丈夫、儿子的矛盾,可以想象樊锦诗心中的负担有多沉重。当时,所属单位也有其规定,不是说走就走那么容易。为此,她特别感谢丈夫的支持:

如果说爱人不支持我，那我肯定就要离开敦煌了，我还没那么伟大，为了敦煌我不要家，不要孩子。我不是那种人。

有内疚，肯定有内疚……所以我说，像这样的丈夫确实打着灯笼很难找。

——樊锦诗[63]

儿子在1983年7月4日给妈妈的信，见于1984年1月3日《光明日报》以"敦煌的女儿"为题的报道。

彭金章才从报纸上第一次知道有过这样一封信。这封信触动了彭金章，他决定放弃武大的考古教学去敦煌。武大坚决不同意，就想让樊锦诗调来。在长达几年的时间里，双方单位都派出了三次人，形成拉锯战……直到一九八六年，……他才被准许调至敦煌。[64]

十九年的分居生活之后，一家终于团聚了。之后，彭金章在敦煌荒芜的北区做了长达七年的考古发掘，确定了该区洞窟的性质和功能，为敦煌石窟的研究做出了巨大贡献。

樊锦诗和彭金章在上
海周庄合影（2004年
3月）

彭金章在莫高窟北区
（高敏仪摄）

作者访谈彭金章，
2011年9月2日于莫高
窟北区（高敏仪摄）

临摹壁画

早期临摹壁画，不是我们想象中那么简单容易的。首先，在没有栈道的高处洞窟，如何把画具带进洞窟？

当时一些有重要壁画的洞窟大多道路不通，孤悬在崖壁上……要临摹一幅壁画，是一次艰苦的体力奋斗。……大家齐心协力，搬运一根五米多长的独木梯（蜈蚣梯）……，先将梯子放进洞口，上去一个人，并用绳子把画板、画架、颜色箱、水瓶、水罐，一一吊上。

——史苇湘[65]

二十世纪四五十年代，由于得不到应有的经费，画板、画架、纸笔墨均甚为缺乏。

连硬化变质的马里牌广告颜料也成了宝贝。为了克服这些困难，我们学会了矾纸、托裱、修笔和发明就地取材，用红土、黄土、大白等当地材料。每当一天工作完了之后，聚在一起谈天，大家手捧一碗土颜料磨研，这几乎也成了一种生活乐趣。

——潘絜兹[66]

敦煌的气候，冬天特别长，十月就结冰了。颜料凝结，手指僵硬。……为了防冻，董希文发明用烧酒调色。

——潘絜兹[67]

有一年冬天，她（欧阳琳）和同事李其琼在420窟临摹，颜料冻得很硬，只能用煤气来烤，洞窟里通风不畅，两人煤气中毒，紧急抢救才脱离危险。

——张　泉[68]

一九五二年以后，国家给予照顾，绘画材料得以提升，已采用矿物颜料了。

张大千在千佛洞临摹壁画的时候，都是用图钉把拷贝纸按在壁画上拓稿，这样出来的稿子很准确，但图钉不可避免地在墙上钻出小孔，破坏壁画，因此爸爸给研究所作出了明确规定，并一再强调：为了保护壁画，临摹一律采用对临的方法，不许上墙拓稿。

——常沙娜[69]

　　人手和笔隔着一层薄薄的纸在壁画原作上按来按去，划来划去，必然对壁画造成伤害。这种"印稿法"绝对不能再使用，只能用写生的办法进行临摹。挪动梯子、板凳、画板等用具时，一定要小心谨慎，不能碰在洞壁上，以免损坏壁画。在洗笔蘸色等过程中，绝不能把颜色甩到壁画上。对临摹的作品一定要注意忠于原作，不能用现代

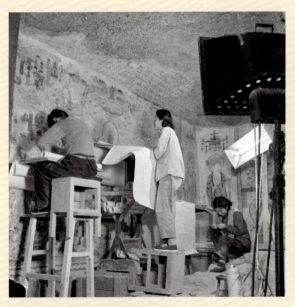

李承仙、欧阳琳等在榆林窟第25窟北壁
临摹《弥勒经变图》（1956年7月31日）

临摹第196窟西壁壁画（1955年8月1

人的造型观点和审美观念去随意改动古代壁画上的原貌。

——段文杰[70]

直到1955年，有了幻灯机放大画稿才可作整幅临摹。

——关友惠[71]

洞窟大都很暗，……我们常常要一只手拿洋蜡烛或油灯，一只手作画。灯光照明面积很小，而有的洞窟很高大，要用梯子爬上去看一眼，再爬下来画几笔。有一回我临一个洞窟高处的壁画，梯子在地面够不着，就把它架到桌子上再爬上去，结果梯子在桌面上滑倒了。我从高处摔下来，梯子顶了我胸部，当场就昏厥了，过了许久才苏醒过来。

——潘絜兹[72]

那些大洞窟，高而深，洞口小，里面光线就暗。我们想出了一个"借光法"，用镜子在洞外把阳光反射到洞子里的白纸板上，这样整个洞窟就亮起来了。不过这个方法比较麻烦一点的是，要随太阳的脚步移动镜子，以适应阳光的折射角度。

——段文杰[73]

有些无法采用"借光法"的洞子就只有秉烛作画了。

高处看不清，则要架起人字梯，爬上去看看，再下来画画，有时为了画好一个小局部，要这样折腾许多次。画低处的局部还要在地上铺上毯子或布，人要趴卧在地上作画。所以，在石窟洞里作画是很辛苦的，不仅要用脑力，还要用体力。

——段文杰[74]

临摹藻井是要打架子的。

——关友惠[75]

画窟顶的藻井，仰头低头，很快颈部酸痛，就用镜子返照来临摹。

——潘絜兹[76]

通过临摹，我们体会到古代艺术匠师艰苦卓绝的创造精神。

——潘絜兹[77]

经过细致的临摹，才能真正理解一片壁画，领会一座洞窟。……每一根线条看起来或许平淡无奇，真要落笔时才能体会一千年前古人的良苦用心。

——潘絜兹[78]

在榆林窟夜间工作的情况（1953年10月）

　　临摹工作必须以研究为基础，……掌握壁画制作规律，……通过临摹又加深了对壁画的认识，……这样研究临摹、临摹研究，反复不已，就把对敦煌艺术的认识不断推向前进。

——李其琼[79]

段文杰认为临摹前的研究工作要注意三方面：

　　一是了解临摹对象的思想内容，认识古代画师所创形象的来源和根据（如佛经的研读）……；二是辨别各时代壁画的风格特点……；三是弄清各时代壁画制作的程序和方法。

——段文杰[80]

色彩的晕染也是敦煌壁画塑像的重要环节。在分析了色彩的演变规律和时代特征的基础上，又总结了古代画师赋彩程序和方法……才能表现出色薄味厚、有血有肉的质感。

——段文杰[81]

只有在光线很好的时候才能隐约辨别出色彩的复杂层次，以及蕴含其间的微妙动态。

——张　泉[82]

传神是通过人物的眼睛和五官肢体的动态变化来表达的，关键在眼神，所以敦煌画师在艺术实践中创造许多画眼的程序，……如喜悦、沉思、慈祥、愤怒、哀愁等，都有特殊造型……但没有五官和身姿手势的配合，也很难深刻展现人物的精神状态。

——段文杰[83]

谈到临摹程序，李其琼认为有几个应注意的问题：

一、读画：了解壁画的时代、内容、主题思想、人

段文杰在第285窟临摹壁画（1955年5月26日）

物造型特征、结构形式、线描特点、赋彩等。……这样比较容易做到忠于原作精神……。

二、起稿：……铅笔稿完成后，再用毛笔描成白描正稿，然后印描到宣纸上，裱上画板，进入上色阶段。

三、线、色、神三方面：

·线：……线描是随着时代的不同而变化的。……必须掌握壁画具体描线的方法，如起笔、收笔、抑扬顿挫等。特别是长线的描法，如飞天的飘带、菩萨的披巾……往往不能一笔描成，必须中途停顿，调整笔毫，接力再描；有的则需从两端开始，中间交接，运笔时必须豪放圆转，气脉相连而不露痕迹……

·色：……必须了解各时代色彩审美的变化，更重要的是掌握赋彩的具体方法。……早期壁画起稿简略……，赋彩多用涂色法，即不受画稿约束。……唐代以后，起稿精确……，赋彩多用填色法。……因而唐代以后的色彩就以工整严密、繁华富丽见长……

·神："以形写神""形神兼备"是我国绘画艺术的最高要求，也是品评绘画优劣的标准。……能不能把壁画上栩栩如生的神态移置到临摹上来，是决定临本质量的关键，也是临摹工作者的"尖端"研究课题……

总而言之，只有在造型准确、线描流畅、赋彩莹润、神采生动的条件下，才有可能临摹出达到乱真水平的临本，才能通过临本给人们以古代艺术的审美享受。

——李其琼[84]

作者访谈李其琼，2011年8月28日于兰州（蔡慕贞摄）

关友惠、史苇湘、霍熙亮在莫高窟第249窟修稿（1956年3月23日）

史苇湘、欧阳琳在临摹壁画——起稿（1956年9月）

为了达到更高的临摹水平，当年的美术工作者，一点不敢松懈。

晚上，大家清闲下来，……爸爸就组织画速写，就在中寺前后院之间的正厅，两头连挂两盏煤油灯，请当地的老乡做模特儿，大家围在那里画，气氛非常好。

——常沙娜[85]

我利用休息时间，把线描、晕染、传神的运笔技术进行了反复的练习……，比如头发、面相、手姿、衣服等，有时在废纸上都不知道练习了多少遍，直到熟练掌握为止。

——段文杰[86]

李其琼在第427窟临摹（1955年10月11日）

有时一个头像反复练习达数十次之多……，使之烂熟于心，……具有十分把握时才在临本上落笔。

——李其琼[87]

父亲对临摹的要求：准确，忠于原作，形神兼备，水平不能低于原作。这才对得起文化遗产，对得起观众。

——段兼善[88]

段文杰把壁画当作文物来研究，而非只是艺术的表达。

——段兼善[89]

临摹是一种研究和艺术的流动，非作坊工艺的生产！

——关友惠[90]

临摹最困难是描线，不能改动，所以，临摹者要每天晚上练书法，练习线条。为了节省纸张，第一次用淡墨，第二次用深墨，第三次用浓墨，然后再反过来用纸张的背面来练习，练笔力和腕力。还有练长线、"接力线"，要一气呵成，天衣无缝，气韵贯通，没有强厚的基础功力是做不到的。

——关友惠[91]

运笔就是运力，运力就是运气，运气就是运情。一

关友惠在段文杰临摹的《都督夫人礼佛图》前解释线描的技法（高敏仪摄）

作者访谈关友惠，2011年8月28日于兰州（高敏仪摄）

李其琼在临摹壁画

定要有感受和韵味，不然就是僵气。……还要控制情绪，
有蚊子来叮，千万别生气！

——关友惠[92]

　　一个人在洞窟临画非常安静。除了偶尔可以听到
窟外树叶经风吹动轻轻的沙沙声，就只有画笔运行时发
出的气息和心音。临画思想高度集中时，有时会忘掉自
己。……多数人没有手表，……大家也养成了凭感觉定
时作息的习惯，上下班时间相差不了十分钟。

——关友惠[93]

　　只有到了敦煌，亲身实践，才懂得古代画工的辛苦，……没有摩顶放踵的吃苦精神、俯仰伸屈的艰苦劳作，是画不出来的。

——史苇湘[94]

从事临摹的艺术家们，在辛苦练就"一身武艺"后，把艺术家最重要的自我和个性收藏起来，谦卑地追随着古代画师的笔法和风格。他们一辈子默默耕耘，无怨无悔，为敦煌艺术的保护和研究做出了巨大而无私的奉献！

李其琼在临摹壁画（1984年7月10日）　李其琼在第329窟临摹西壁龛顶壁画（1955年7月20日）

维修与保护

二十世纪四十年代的莫高窟是荒凉破败不堪的。洞外栈道早已毁去，下层洞窟为流沙及土台封堵。1920年，沙俄白军残部数百人居住在洞窟内，烧饭、涂抹、刮剥，使许多塑像被破坏，壁画被熏黑。加上长期以来自然环境的影响，如地震、温度、湿度、日照、风沙、虫害等，对壁画构成严重的伤害。二十世纪四十年代敦煌艺术研究所成立后即着手开展各种维修保护工作。

修建围墙（护土墙，两米高，一千多米长）是常书鸿所长1943年初到敦煌的第一件大事。……防止牲畜进入窟内。

——孙儒僩[95]

当时没有经费，常先生在敦煌县城动员士绅官商们做功德捐献窟门，大概做了大小不等的几十副洞窟门，

沙俄白军在莫高窟前合影（1920年）

莫高窟崖面维修（1948年）

一直使用到六十年代加固工程时才拆除。

——孙儒僩[96]

……又没有前人经验可借鉴，无从下手，一切从零开始。

——孙儒僩[97]

此外，还修造临时栈道、崖体加固工程，清理窟前积沙，崖顶挖沙沟，建防沙墙，不让崖顶积沙流下来。还拆除了多座挡住下层石窟的土台，清理出二十多个洞窟。

（下层石窟中的）壁画和塑像已经全部损坏了。

——孙儒僩[98]

土法上马……因陋就简，就地取材。

——史苇湘[99]

石窟保护专家孙儒僩当年生活非常艰苦，半年没发工资，靠自己种粮食蔬菜来过日子。解放初，他也曾想过离开敦煌，返回四川。

没有足够旅费。家里勉强凑了点钱给我汇去，可是我的嫂子不识字，把"敦煌艺术研究所"写成"东方艺术研究所"，我收不到钱。数月后这笔钱退回家里时，因通货膨胀已不值钱了。

——孙儒僩[100]

就这样，他在敦煌留了下来，为莫高窟的保护做了重大贡献。

窦占彪与李云鹤在二十世纪四五十年代已为莫高窟做保护修复工作，也是这方面很成功的专家。

五十多年前，李云鹤第一次走进161窟时，……满窟的壁画起甲严重，窟顶和四壁仿佛沾满残破的羽毛。人

围墙

莫高窟第194窟清除窟顶积沙（1959年4月16日）

雇用农民的几十辆大轱辘牛车运走积沙（1954年

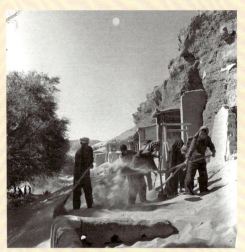

莫高窟第154窟前清除积沙

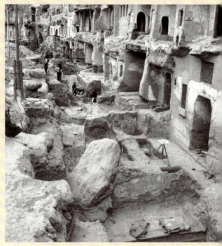

石窟前的发掘

作者访谈孙儒僩

在洞窟里走动，壁画的碎片就像雪片一样坠落。

——张　泉[101]

　　沙尘却仿佛永远都打扫不完……站在这里，还会有沙子从头顶灌下来。刚刚清扫干净，狂风又会携着大漠深处的沙尘汹涌而来。

——李云鹤[102]

　　窟顶的壁画空鼓严重，几平方米壁画忽然砸下来，起甲的壁画纷纷脱落，一千年的斑驳色彩落在地上，灰

飞烟灭，满窟的塑像东倒西歪，……当时没有方法，没
有材料，更没有技术，真是一穷二白。

——李云鹤[103]

在这样的条件下，他们只好以土办法创制了一些维修工
具和方法，发觉十分有效。就这样，李云鹤以两年时间修复
了161窟，这是第一座自主修复的洞窟，也是敦煌壁画修复保
护的起点。

> 1965年，在161窟修复时，忽然听到一声巨响，赶快
> 跑下来，130大佛窟北壁一大片（约2平方米）的壁画掉到
> 地上，即向常书鸿院长反映。之后，马上抢救。与窦占
> 彪想办法，"先救命，后治病"。用铆钉（25—30厘米）固
> 定，铆钉（杆）外带螺帽，帽外装十字铁板，用螺栓固
> 定，效果很好。五十年来保证了此窟壁画的安全。
>
> ——李云鹤[104]

220窟（初唐）甬道表层是宋代壁画，下面藏着中唐、晚
唐、五代的壁画。二十世纪七十年代，李云鹤和窦占彪二人
对甬道壁画进行整体搬迁，将表层宋代壁画外移，使之与下
层的中晚唐、五代壁画在同一平面上展现。这是莫高窟第一
次的壁画搬迁工程，很成功，他们二人功不可没。

窦占彪，1917年生，早年即在敦煌做保卫工作，1949年后

自制维修工具（杨秀清摄）

进入敦煌研究院。

　　他性格开朗，虽未上过学，但非常聪明，勤劳手巧，
工作认真，乐于助人。莫高窟许多的泥、木工程及修复
工作都是他做的，如修台阶、搭大小型的架子；莫高窟
最早的木门是他造的。尤其是对东歪西倒的佛、菩萨塑
像，他都有办法在不影响原作的情况下使之恢复原位。

——李云鹤[105]

　　（1965年在130大佛窟）窦占彪同志在搭架过程中，在南
壁一个小孔洞中发现了一卷唐代丝绸制作的画幡。上有
开元年号。

——孙儒僩[106]

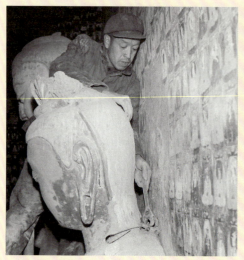

窦占彪在莫高窟第427窟修复菩萨像
（1965年3月9日）

莫高窟第130窟南披，以铆钉加固壁画
（1966年3月）

在莫高窟第130窟
搭架修复壁画

　　孔内堵塞残幡等丝织物一团，经整理共为四十件……。开元十三年（725）发愿文幡。

——樊锦诗、马世长[107]

李云鹤还说到窦占彪的一则趣事：

　　他虽不识字，但懂得拼音。有一次，他给他爱人写信，是用拼音写的。他爱人看不懂，叫我给他读……（有没有情话绵绵？）有啊，哈哈！

——李云鹤[108]

在洞窟工作，爬高爬低有没有意外？

　　有呀，1978年到1979年，在修复85号大洞窟顶部壁画时，搭了架子，要躺着来工作。一个不小心，翻身掉了下来！刚好掉到大佛（塑像）头顶上，没事！还有许多次有惊无险的意外，幸好没事，佛祖保佑啊！哈！哈！

——李云鹤[109]

唐代开元十三年（725）发愿文彩色绢幡（162厘米×15厘米）

敦煌的魅力何在？且听莫高窟人的心声

如果真的再来一次重新来到这个世界，我将还是"常书鸿"，我要去完成那些尚未完成的工作。

——常书鸿[110]

人的确很奇怪，有时明知道前面要受磨难，却偏要去做。是崇高的信念和远大的目标成就了人类这种不怕困难的精神，还是冥冥中总有什么在前路指导？

——段文杰[111]

没有可以永久保存的东西，莫高窟的最后结局是不断毁损，我们这些人用毕生的生命所做的一件事就是与毁灭抗争，让莫高窟保存得长久一些，再长久一些。

——樊锦诗[112]

莫高窟对于中国人的价值，不是任何物质财富可以衡量的。

——史苇湘[113]

作为代表民族文化的实体，你是一代又一代有血有肉、有创造力和想象力的先民制作出来的。

——史苇湘[114]

也许就是这一点"一见钟情"与"一往情深"造就了这四十多年我与敦煌石窟的欲罢难休。

——史苇湘[115]

莫高窟是我国美术史上唯一保存着北朝至唐宋时期大量艺术真迹的殿堂。

——李其琼[116]

我们的物质极端贫乏，生活极端困苦，可是精神却极端愉快，因为敦煌艺术把我引导到另一美好的世界。

——潘絜兹[117]

这批莫高窟退休老人，迁到兰州，他们一般大门不出，二门不迈，退休相当于把单位的那一堆破书残卷，

常书鸿在莫高窟第103窟临摹

常书鸿在办公室工作

移到自家卧室，各家都在做莫高窟的那些事。

——金长明[118]

人，就是怪，有人生在福中不知福，也有人生在苦中不知苦。

——施萍婷[119]

无怨无悔，他们多半没有什么豪言壮语，也不善于名利场上的追逐……他们与敦煌同呼吸共命运，他们对敦煌如痴如醉，忠贞不二。要问为什么，那就是因为敦煌有一个值得为之献身的地方！

——施萍婷[120]

四五十年代来敦煌的人，生命力特强，生活条件差，但因全心全意地投入，别无杂念，无欲无求，祥和乐观！加上体力劳动（如耕种、清沙、打水、磨面、步行进城等），有助健康。

——段兼善[121]

难怪莫高窟老人普遍都达至耄耋之年。

今天，莫高窟的各方面——崖顶治沙、崖体加固、壁画维修等，已借助先进的科技手段得以保护下来，成果更达到世界级水平。这一切都得感谢一代又一代的莫高窟人，他们坚持信念，艰苦奋斗，把一生的精力无私地奉献给莫高窟。他们这种精神还在延续着，相传至今。他们和古代那些不曾留下姓名的艺术家和工匠们，就像莫高窟夜空上闪烁的星星，永远拱照和护佑着这千年艺术宝库！

★文内照片，除已注明者，其余皆由敦煌研究院提供。

注 释

1　常书鸿《九十春秋——敦煌五十年》，北京大学出版社，2011年，页71–73。

2　潘絜兹《敦煌的回忆》，载姜德治、宋涛编《莫高窟记忆》，甘肃人民出版社，2009年，页80。

3　同注释2，页85。

4　同注释2，页82。

5　史苇湘《初到莫高窟》，载《敦煌研究》1994年第3期，页45–50。

6　孙儒僩《敦煌石窟保护与建筑》，甘肃人民出版社，2007年，页47。

7　李其琼《回眸敦煌美术工作》，载《敦煌研究》2004年第3期，页30。

8　李浴《一段重要而难忘的经历》，载姜德治、宋涛编《莫高窟记忆》，甘肃人民出版社，2009年，页91。

9　同注释1，页79及页82。

10　同注释5，页46–47。

11　段文杰《敦煌之梦》，江苏美术出版社，2007年，页14。

12　关友惠访谈记录，2011年8月28日，兰州。

13　施萍婷访谈记录，2011年8月28日，兰州。

14　李永宁访谈记录，2011年8月27日，兰州。

15　同注释5，页45-46。

16　常沙娜《黄沙与蓝天——常沙娜人生回忆》，清华大学出版社，2013年，页59。

17　施萍婷《打不走的莫高窟人》，载《敦煌研究》1994年第2期，页51-54。

18　同注释5，页47。

19　同注释2，页83。

20　同注释16，页56。

21　同注释16，页54。

22　同注释16，页54。

23　同注释12。

24　同注释12。

25　关友惠《莫高窟人的生活往事》，载《敦煌研究》2014年第3期，页19-23。

26　巩金访谈记录，2011年8月31日，敦煌。

27　同注释26。

28　范华访谈记录，2011年8月31日，敦煌。

29　同注释16，页73。

30　同注释2，页83。

31　同注释28。

32　同注释2，页83。

33　同注释12。

34　同注释12。

35　同注释12。

36　同注释12。

37　同注释2，页85。

38 李云鹤访谈记录，2014年4月29日，敦煌。

39 吴晓民《敦煌的女儿》，载《光明日报》1984年1月3日。

40 同注释16，页54。

41 同注释38。

42 同注释38。

43 同注释12。

44 同注释38。

45 段兼善访谈记录，2011年8月27日，兰州。

46 同注释17。

47 同注释16，页55。

48 同注释12。

49 同注释17。

50 同注释12。

51 同注释14。

52 同注释12。

53 同注释17。

54 金长明《他们和莫高窟的故事：莫高窟人的晚年生活》。薛东明编辑，据《兰州晚报》，中国甘肃网整理，2011年5月4日。

55 《面对面》栏目，2004年1月31日，中央电视台。

56 辛夷《敦煌的女儿樊锦诗》，载《西部论丛》2004年2月，页27—28。

57 同注释39。

58 同注释39。

59 同注释39。

60 同注释39。

61 同注释39。

62 樊锦诗访谈记录，2014年6月28日，莫高窟。

63 《面对面》栏目，2004年10月25日，中央电视台。

64　夏楠《留守田野北区石窟的彭金章》，现代传播集团《生活月刊》第101期别册，2014年4月，页34。

65　同注释5，页49。

66　同注释2，页83—84。

67　同注释2，页84。

68　张泉《172窟：史苇湘、欧阳琳无边的梦寐》，载《生活月刊》第102期别册，2014年5月，页22。

69　同注释16，页58。

70　同注释11，页18。

71　同注释12。

72　同注释2，页84。

73　同注释11，页18。

74　同注释11，页18。

75　同注释12。

76　同注释2，页84。

77　同注释2，页84。

78　同注释2，页21。

79　李其琼《我们是怎样临摹敦煌壁画的》，载《敦煌研究》1982年第2期，页27—34。

80　同注释11，页18—20。

81　同注释11，页20。

82　同注释68。

83　同注释11，页20。

84　同注释79。

85　同注释16，页60。

86　同注释11，页20。

87　同注释79。

88　同注释45。

89　同注释45。

90　同注释12。

91　同注释12。

92　同注释12。

93　关友惠《莫高窟人的生活往事》，载《敦煌研究》2014年第3期，页19-23。

94　同注释5。

95　孙儒僴访谈记录。

96　同注释6，页48。

97　同注释6，页48。

98　同注释6，页55。

99　同注释5，页48。

100　同注释6，页48。

101　张泉《161窟：李云鹤·起点》，现代传播集团《生活月刊》第101期别册，2014年4月，页12。

102　同注释101，页12-14。

103　同注释101，页14。

104　同注释38。

105　同注释38。

106　同注释6，页71。

107　樊锦诗、马世长《莫高窟发现的唐代丝织物及其它》，载《文物》1972年第12期，页55-67。

108　同注释38。

109　同注释38。

110　同注释1，页282。

111　同注释11。

112　张泉《85窟：苏伯民·重生》，现代传播集团《生活月刊》第101期别册，2014年4月，页23。

113　同注释5，页50。

114　同注释5，页50。

115　同注释5，页50。

116　同注释54。

117　同注释2，页83。

118　同注释54。

119　同注释13。

120　同注释17。

121　同注释45。

衷心感铭

　　愚夫妇有幸与敦煌结缘，多年来得敦煌研究院诸位师长的悉心教导，非常感恩。同时亦由衷感铭香港敦煌之友诸位大善长多年来对敦煌的厚爱与鼎力襄助。谨以此小书聊志谢意与敬意。

　　这本小集子的简体字版能够顺利付梓，端赖北京中华书局同人的指导与协助。早前亦有幸得到香港中华书局黎耀强先生及相关同事的厚爱，在香港出版繁体字版。愚夫妇亦特别感念高敏仪小姐长期以来的大力帮助，方能成书，无量感恩。